老樹創意

老樹創意

走樹創意

走樹創意

選0或選1

問題的答案就在看事情的角度

（原書名：讓石頭漂起來）

劉明凡◎著

前言

據說中國大陸家電製造業龍頭海爾集團總裁張瑞敏，曾經在一次會議上問自己的手下：諸位有誰能告訴我，怎樣才能讓一塊石頭在水面上漂浮起來。下屬紛紛獻計：

把石頭掏空！

放在木板上！

造塊假石頭！

……

張瑞敏一邊聽著，一邊笑著搖頭，直到最後得到正確答案——速度。

這是個難題嗎？

相信所有玩過打水漂的小孩都能輕鬆回答這個問題。當石頭能以足夠的速度掠過水面的時候，它就會形成水漂，自然也就能夠在水面之上做短暫地漂浮。

這則故事給了我們一個基本啓示——無論遇到怎樣的難題，只要稍微轉個角度，就可以找到一個輕鬆又合理的答案。

這樣的故事還有很多，吹小號的小毛頭可以教你如何突破能力局限的盲點，麥卡維的力量教你如何突破假像，發現眞知；速食麵的發明史則能夠讓我們學會如何發現機遇……

本書收集了五十個能夠幫助讀者改變思維方式的好故事，在這五十篇啓迪心靈的小故事中闡述了五十個醍醐灌頂的大智慧。編者匠心獨運，爲每篇故事精心配上雋永的警言，再加以微妙點撥，必能爲讀者打開一個個新視角。

改變思維邏輯就能夠改變自己的人生，常識經常會蒙蔽我們的眼睛，思考如何讓石頭漂浮起來會讓你看到不一樣的世界。

目錄

目錄

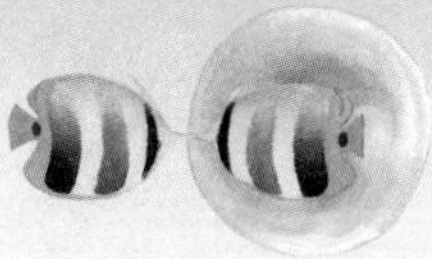

目錄

1 如何讓石頭漂起來

要乘勇追窮寇，
要會虛張聲勢，
要會借力增勢，
要會趁熱打鐵，
要能知後速行。
沒有完美的計劃，
只有完美的行動，
不在完美後行動，
要在行動中完美。
成功取決於爆發力和行動的密度，
成功取決於應變力和執行的績效。

中國家電製造業龍頭海爾集團首席執行長張瑞敏，曾經在一次中級管理會議上提出這麼一個問題：石頭怎樣才能在水上漂起來。

台下的回答眞是五花八門，有人說「把石頭掏空」，張瑞敏只是搖了搖頭；也有人說「把它放在木板上」，張瑞敏說「沒有木板」；甚至還有人說「石頭是假的」，張瑞敏微微一笑，強調說「石頭是眞的」……終於有人站起來回答道：「速度！」

張瑞敏臉上露出滿意的笑容：「正確！《孫子兵法》上說，『激水之疾，至於漂石者，勢也』。速度決定了石頭能否漂起來。」

這不由得使人想到了跳遠、跳高、飛機、火箭……由牛頓的萬有引力可知，石頭總是要往下落的，但速度改變了一切。打過水漂的人都知道，石頭在水面跳躍，是因爲我們給石頭一個方向，同時賦予它足夠的速度。自行車、摩托車在騎乘過程中不會倒掉，也是因爲人們掌握了方向，給予了它速度。

生命在於運動，運動就有速度，而沒有足夠的速度，成不了「勢」，行進中的事物就會停下來，這是一個動的世界。

沒有人爲你等待，沒有機會爲你停留，守株待兔只會兩手空空，一個人只有與時間賽跑，才有可能會贏。

美國著名棒球選手佩奇說：「永遠不要回頭看，因爲在你回頭看時，有些人可能會超越你。」

記得電影中那個可愛的阿甘贏得美人歸後，有人問他愛情的心得是什麼。他說：「我跑得比別人快！」難怪人們說，吃到天鵝肉的往往是第一隻蛤蟆。有一句名言講的也是這個道理：如果你跟得上時間的腳步，你就不會默默無聞。如今人們常說：「不是大魚吃小魚，而是快魚吃慢魚」。

因此，不要說「早起的蟲兒被鳥吃」，認爲自己是蟲兒的人，是沒出息的，就算你不起來，也難逃鳥兒明亮的雙眼。相信自己是鳥兒，相信早起的鳥兒有蟲吃，趕在別人前頭，不要停下來，這是競爭者的姿態，也是勝利者的姿態。

我們並不缺乏競爭，而是缺乏競爭力，如果成功也有捷徑的話，那就是賦予它足夠的速度。本田汽車的盛田昭夫說：「如果你每天落後別人半拍，一年後就差一百八十三拍，十年後即差十萬八千里了。」

感悟點滴

「欲」速則不達的另一種意思是說，光心動，光有欲望，無論思想再如何快，也不能達成良願。成功是源於心動，成於行動，在最短的時間內採取最大量的行動，以快速的行動引領競爭、超越競爭，這是現代社會取得成功的重要標誌。從這個角度而言，人的能力與行動是一種能把不太完美的計劃執行到最好程度的技能。

2 吹小號的小毛頭

你能做什麼？
「不知道！」
這是大多數人的答案。
我們只知道很多事情都是自己做不了的，
從來沒想過自己
「到底能做什麼！」

二十世紀初的某一天，美國中部一座小鎮上來了一個馬戲團。對於小鎮上的居民來說，這可是一件了不得的大事！鎮上的居民很少能見到馬戲表演，所以馬戲團決定來個遊行展示！

到達小鎮的第二天早晨，遊行開始了。一路上，全鎮的人都跑到馬路兩邊圍觀，馬戲團的樂隊也吹吹打打，熱熱鬧鬧地向前走去。

突然，樂隊指揮發現樂隊裡的小號手暈倒在地，於是他趕緊讓人把小號手扶下去休息。「有誰會吹小號嗎？」指揮問道。「我們需要一名小號手！」

問了幾遍之後，樂隊指揮突然聽到人群中傳來一聲稚嫩的回答，「我會！」

「太好了！」指揮立即讓人把孩子抱上來，信心十足地繼續指揮。

誰知道剛過了兩個街區，樂隊傳來的嘶啞小號聲就嚇倒了兩位老太太！

指揮趕忙停下，衝著小毛頭嚷道：「你不是說你會吹小號嗎？」

「現在我知道自己不會了，先生。」小孩說道「可如果不試一試的話，我怎麼知道自己不會呢？」

感悟點滴

或許是因為遵守規則已經成為習慣，所以我們大多數人都有負面思維的習慣。我們總是在不自覺地為自己的發展空間設定範圍，這種設定首先是觀念上的，然後不知不覺反映到我們的具體選擇上，最終刻畫在我們的生命軌跡當中……

3 世界冠軍算個啥

習慣是朋友，
習慣是敵人，
天長日久養成的習慣
既可能成爲我們上進的動力，
也可能變成我們突破的障礙。
眞正聰明的人不會被習慣左右，
他們懂得利用習慣，
也可以隨時徹底改變習慣。

有一次，國外的一條高速公路上發生了一起車禍，雙方車主爲事故責任爭執不休，直至最後揮拳相向，殊不知，其中有一名車主是空手道世界冠軍。位當年打遍世界「空壇」無敵手的老兄當然不會把眼前的這名小個子放在心上，就在雙方爭得面紅耳赤的時候，空手道冠軍冷不防一拳打了過去……

雙方第一回合還沒結束，世界冠軍就被救護車送進了醫院，小個子男人則因「故意傷人」被帶到警察局。一時之間，警察局門庭若市，小個子成了新聞人物，記者紛紛前來採訪這位傳奇人物。

「請問你是怎樣一出手就把這位世界冠軍打倒在地的呢？」

「世界冠軍？」小個子男人不屑地叫道，「他算個啥！他只往一百五十公分以上的高度揮拳，哪裡能打得到我，我連腰都不用彎，隨便一腳就踹中了他要害部位……」

類似的情節在中國古代也發生過。

古代有位出名的謀士，有一次，他的主人想要刺殺自己的對手，由於對手很強大，主人不敢輕易動手，後來這個謀士給這位對手送了本書，幾天之後，主人就聽到對手的死訊。「你是怎麼辦到的！」「很簡單！」謀士說道，「因爲我聽說他有沾唾沫翻書的毛病，所以就在書上順便下了毒……」

感悟點滴

空手道訓練的過程中有一項規定，就是不能攻擊對手頭部以下的位置，所以當空手道冠軍遭遇小個子男人的時候，他的失敗就顯而易見了。

愛因斯坦說過，這個世界上沒有什麼比想像力更加重要了。一旦我們的習慣成了思維定勢，它就很容易局限住我們的想像，最終成為我們的累贅，甚至是敵人。

4 麥卡維的力量

每個人都會遇到問題，
每個人都會試圖尋找答案，
可是眞正的答案
往往隱藏在不經意的角落之中。
幾乎沒有人會想到翻開這樣的角落，
也就很少有人能夠得到眞正的答案了。

美國芝加哥大學的萊維特教授被公認爲是「美國四十歲以下最優秀的經濟學家」，他在自己的新書《魔鬼經濟學》一書中講過這樣一個故事：

二十世紀九〇年代上半期的時候，美國社會曾經因爲犯罪率上升而陷入一片混亂。當時，美國的新聞報導充斥著各種各樣的犯罪新聞，青少年犯罪更是屢見不鮮，搶劫、殺人、強姦、吸毒……各種形式的犯罪到處都是，一時間，許多犯罪學家驚呼：「新一代的青少年殺手將會把美國帶進萬劫不復的地獄……」

可是令所有人大為吃驚的是，五年以後，美國社會的犯罪率不僅沒有上升，反而大大下降了。

犯罪學家們急忙提出了一堆答案。

1. 新經濟的發展給人們帶來了更好的就業機會。

2. 美國的槍支管制奏效。

3. 紐約城的治安政策大大提高了犯罪的難度。

所有這些解釋看起來都很合情合理，只不過……「它們都不是真的！」萊維特教授說道。

真正遏制犯罪率的是六〇年代一位不起眼的女孩子，「她叫麥卡維，」教授進一步解釋道，「她曾經為了給自己爭取墮胎的權利而奔走，並最終使墮胎合法化，這大大提高了二十年後美國青少年的素質——因為那些沒有能力教育好孩子的家庭可以自由選擇墮胎！」

人口素質會影響犯罪率！在成千上萬的研究者當中，只有萊維特想到了這一點，所以他成了一個偉大的傢伙。

感悟點滴

真相總是喜歡躲躲閃閃！在自己的日常生活當中，我們每個人都會遇到各種各樣的問題，在給出最終答案之前，建議你不妨問自己一下：真的是這樣嗎？

5 澳州空軍的最後一個問題

你可曾想過，
眞正決定一個人命運的時刻，
到底是在何時？
是過去，
現在，
還是未來？
哲人告訴我們，
一味沈緬過去會讓人傷感，
只會夢想未來會讓人虛幻，
一個人眞正能夠把握的，
只有現在。

衆所周知，澳洲的航空力量在全世界名列前茅，早在第一次世界大戰的時候，澳洲人聽聞了飛機的力量，意識到「澳洲在地理位置上遠離其他大陸，所以未來眞正能夠威脅澳洲的，是空軍力量。」這也正是澳洲政府嚴格培養空軍作戰人員的一個最主要原因。

據說在澳洲，要想成爲一名合格的飛行員，必須在畢業之前接受一項特殊的考驗：教官們會帶著學員飛上藍天，考驗所有的難度動作，並在飛行即將結束的時候向他們提出一個問題。每次的問題都不一樣，但大都是一些讓人出乎意料的問題。

在某次飛行測驗中，一位教官提出了這樣一個問題：假設你開的是空軍一號，在飛行過程中，總統突然墜機，你會怎麼辦？

學員們的答案可謂千奇百怪，有人說自己會「立刻一個俯衝，爭取在總統落地之前接住他」；有人說「自己會立刻打開機艙，扔給總統一個降落傘」；還有人說自己會「立即降落，然後聯絡當地的警方展開搜查」……

「正確的答案是，」測試結束後，教官說道，「調整機翼，繼續往前飛！」

看著大家迷惑的樣子，教官接著說道：「反正你也不可能阻止他掉下去了，你當前唯一能做的，就是繼續做好手頭的事……」

感悟點滴

只有手頭的事是最真實的，只有當下才是最真切的存在！過去的已經過去，未來之路要靠當前的努力去鋪墊……聰明的人啊，你還在等什麼呢？做好手頭的事，未來之門自然會向你敞開！

6 該從哪頭吃香蕉

落後主要是落後在觀念上，
要想成功，應先更新觀念，
要想致富，應先換一個腦子。
千萬不要死鑽牛角尖，
此路不通就換一條路走一走，
有時換一個角度，就會有效果；
有時換一個角度，就會有轉機；
有時換一個角度，就會茅塞頓開。
固執不是解決難題的方法，
思想僵化會降低辦事效率。

香蕉該從哪頭吃起

有人觀察美國人與中國人吃香蕉的方式，得出這樣的結論；美國人吃香蕉習慣從尾巴上剝，中國人大多是從尖頭上剝。這是一個有趣的問題，如果我們稍加思索，就會發現，世界上有許多事情，都與這個「從哪一頭吃香蕉」的問題有相似之處。

如果一個人剝香蕉的方式固著成了一種習慣，就不容易改變。比如說，一個人看玫瑰花，總是說：「可惜，這花下面長著刺！」其實換個想法：「眞好，這刺的上面長著花！」一個人打開窗子，總是習慣往下向陰溝的污水處望去，於是覺得窗外的世界好骯髒，但換個想法，抬頭朝上看，就會發現美麗的藍天和白雲。生活中，類似的事還很多，有一個戒煙的人，戒了一天，難受極了，於是想：「我才戒了一天，就這麼難，天呀，假如我還能活一萬天的話，還要受九千九百九十九天的罪，算了吧！」這戒煙者是個失敗者。但換個想法：「我第一天戒煙就成功了，眞不錯！假若我還能活一萬天的話，堅持下去就有乾淨清爽的九千九百九十九天，多好！」這個戒煙者在成就感中，終於把煙癮戒掉了。

影響我們改變剝香蕉方式的原因，其實大多是我們自己的思維方式。因此遇到問題，我們要有意識地學著換個角度去想。這就是吃香蕉的道理——我們大可以從兩頭吃！

青蛙的思維只能坐井觀天，小鳥的思維卻飛遍了世界

我們還是來看一個例子吧！

二十世紀初，美國一個普通的城鎮家庭誕生了一個男孩。上高中二年級時，由於家裡實在困難，他不得不輟學。此後，他在佛羅里達推銷房屋，才邁出第一步，第二次世界大戰爆發，房價直線下跌，他以失敗告終。當時，他窮得連一副手套都買不起。

然而他依然努力尋找適合自己的工作。過了半年，他開始銷售多軸奶昔攪拌機。這一工作，他持續做了十五年。

一九四五年，他到聖伯納地諾城考察，那裡有一家小店，這是他十五年來的推銷生涯中遇到的最大客戶，一次訂購了八台多軸奶昔攪拌機。他直覺想到這位客戶的生意一定很成功。

到了這家小店後，他見馬克和狄克兄弟正在賣漢堡。奇怪的是，店內沒有設座位，菜單上只有漢堡、飲料、奶昔等速食產品，顧客能夠在不到一分鐘內點菜，並得到食物。讓他更爲奇怪的是，儘管店內夥計們忙得不可開交，但還是供不應求，顧客排起了長龍等候。

他於是向馬克和狄克請求，讓他在全國開分店，並保證把利潤中的五％作爲回報給他們。馬克和狄克非常爽快地答應了。

這便是後來遍佈全世界的麥當勞。也許讀到此，你就已知道，他就是麥當勞的創始人雷．克拉克。許多人都爲馬克和狄克兄弟歎息。小漢堡店的生意一開始就那麼成功，他們爲什麼會如此大方地讓予他人？這讓他們失去了億萬財富，一輩子都普普通通。

其實，只要看一下當年的情況，就知道兩兄弟不開分店的原因。狄克指著遠處山坡上一座白色的房子對克拉克說：「要知道，那是我們世世代代居住的地方，夏天我們能夠在屋後池塘裡戲水游泳，冬天可以躺在房子前的斜坡上曬太陽。假如我們開了連鎖店，就得不斷往返陌生地方去照看我們的生意，那我們再也不能過現在這種閒適的生活了。」

青蛙與小鳥就是不同，一個陶醉在井口這麼大的世界中，一個卻志在四方，最終飛遍了世界五大洲。

感悟點滴

我們無論是在工作還是日常生活中，通常沿著一條直線思考，按照習慣行事，理由就是，「我過去就是這麼做的」。

其實，通向成功的道路有很多條，路的旁邊也是路。可是人們很少去思考，很少去改變，結果在一條路上不斷地走，覺得山重水複，路已走到盡頭，無法走出一片嶄新的天地，迎向山青水秀。正是這導致我們在生活的道路上走得不好，而問題不是路太狹窄了，而是我們的眼光太狹隘了，使得最後堵死我們的不是路，而是我們自己。

據說，將軍們總是按上一場戰爭的模式去打仗。這是可以理解的，尤其是當前一場戰爭贏得了輝煌的勝利時。但沈緬於上一場戰爭的輝煌很可能會吃敗仗。

眾所周知，每一次交戰的情況都不同，每一種情況都需要進行認真研究，做出不同的反應。因此，要想獲得成功，我們必須在工作中學會橫向思考，跳出原有的思考框架，用新的方法解決問題，清除消極思想和疑慮，用另一種思維方式，去發現將困難變成機遇的方法。遇到困難，我們不應當認命，不自我設限，不把思維禁錮在一成不變的某個地方，不把靈魂固守在世俗的約束，而是及時調整自己的生活座標，換一種活法，笑迎新天地、新氣象。

7 愚蠢問題的啓示

人生中的許多失敗，
往往不是敗在方法而是敗在方式上，
方式就是人們的思維。
固守不變思維者遲早會摔跤，
人云亦云者必誤入歧途。
對待事情要視具體情況靈活分析，
執著傳統、死守教條沒有不犯錯的，
教條本身就是一種錯，
死守更是錯上加錯。
我們不僅要學會欣賞差異，
更要能以開放的心態來接納。

人們考慮問題，會隨時代不同而有別，一個人的喜怒哀樂也可以因爲角度不同而轉向。

曾聽過這樣一個故事，有個被男友甩掉的女孩，在公園裡因爲不甘而哭泣。有位心理學家知道她哭泣的原因後，並沒有安慰她，反而笑道：「妳不過是失去了一個不愛妳的人，而他失去的是一個愛他的人；他的損失比妳大，妳怎麼反而恨他呢？應該難過的人是他呀！」

有人說，戀愛中的人智商爲零。這話是很有道理的，尤其是剛墜入愛河的年輕人，更容易因爲不甘，因爲習慣，做出一些不理智的事情。如果你能把握轉向的能力，世界可能因此不同。

假如你附近有一家飯館，東西又貴又難吃，服務態度也不好，桌上還爬著蟑螂，你會因爲它很方便，就一而再、再而三地光臨嗎？

應該不會吧！也許你會說，這是什麼蠢問題，誰那麼傻，會去花錢買罪受！如果你是個美食家，必然覺得這種蠢行不可饒恕。如果你是個正義感很強的人，八成讓有關主管部門查封了它。但是讓我們回想一下，就會明白自己也做過類似的蠢事，甚至現在做的就是這種事。

比如說，許多少男女都曾經抱怨過他們的情人或另一半品行不端，三心二意，不負責任，既讓自己虛耗青春，付出許多代價，又總不能遵守承諾。明知道在一起沒什麼好的結果，未來也不會比現在更幸福，恨已經比愛還多，但是卻「不知道爲什麼」還要和他攪和下去，分不了手。說穿了，只是因爲不甘，因爲習慣，這與一而再、再而三地光顧爛餐館不是一樣的嗎？

生活中還會有這樣的事情，你不小心丟掉一百塊錢，只知道它好像丟在某個你去過的地方，你會花二百塊錢的車費去把那一百塊錢找回來嗎？

這又是一個超級蠢問題！可是，類似的事情卻在你身邊經常發生。做錯了一件事，明知自己有問題，卻死也不肯認錯，反而花加倍的時間來找藉口，結果使別人對你的印象大打折扣。被人罵了一句話，卻花了許多時間來生氣、難過。你看，道理是不是也一樣？爲一件事情發火，不惜損人不利己，不惜血本，不惜時間，只爲報復，只爲面子，不也一樣無聊？失去一個人的感情，明知一切早已無法挽回，卻還是那麼傷心，而且一傷心就是好幾年，還要借酒澆愁，形銷骨立，甚至還要發誓不再戀愛，那又會有什麼好結果？到最後只會損失更多，又何止一百塊錢與二百塊錢的代價？

感悟點滴

人生有時就是一種角度問題。如果你想成功，想幸福，那麼你就要多多透過陽光的角度去看人生。可是，許多人總是習慣從一個角度去想問題，長期如此，形成了一種僵化固定的模式，並被其束縛而苦不堪言。事實上，你身邊的許多事，只要轉一個角度，就會風清雲淡，天寬地闊，柳暗花明。倘若找一張白紙，把你擁有的和可能擁有的全列出來，也許你會發現，其實自己也挺富有的。

8 抓住你偶爾翻看日記的感覺

「三十年河東，三十年河西。」
地球時時都在轉動。
以靜止的觀點看世界，
那會使你無法「巡天搖看一千河」。
要懂得變才會產生希望，
抓住機遇才是眞道理。
別在陰天預測人生，
那會使你的想法成眞；
要站在陽光多的地方看未來，
你塵封的思想才會被冰釋。
別靠閃電來確定行動路徑，
那會讓你很快滅失方向；
要把北斗星當「羅盤」，

好長時間沒回故鄉了，我今年回老家閒著沒事，就翻看以前寫的日記。日記本的紙張都有些泛黃了，歪歪斜斜的字跡透露著少年時代的稚嫩。

看了一會兒，我突然見這麼一段讓自己忍俊不禁的話語：

「今天下午，班主任公佈了期末考試成績。出人意料的是我竟然第三名。要知道，我一直都考第一的。這樣的成績怎麼對得起爸爸媽媽和老師？想著想著，我難過地哭了，連晚飯也吃不下去。我一定要記住這一天，因爲這是我一生中最大的失敗。」

已經回憶不起當時的情形了。其實，自從進社會以來，我所經歷的許多失敗，幾乎個個都比考第一重要得多，這點痛在漫漫人生中又能算什麼呢？

我又接著朝下看，過了一陣，又有一段文字吸引了我：

「又是一個非常讓人痛苦的日子。眞不明白爸爸竟然這樣對待兒子，簡直讓人懷疑，他到底是不是我的親生父親？我恨死他了，眞想離家出走，永遠不回來了。眞好，下個月就要塡報考志願，我要全部都塡外地的大學，實現自己離開這個家的願望。」

讀到這兒，眞嚇了我一跳，一個中學生有這樣的想法，眞是不應該。再說，爸爸又做了什麼讓自己傷心的事？我努力回憶，但怎麼也想不起來。我又看了一陣，覺得自己日記中用的詞語大多都很絕對，很誇張。比如說，「最痛苦」、「最傷心」，或者是「非常難忘」、「非常感動」的事，眞讓人好笑，又讓人反思。

後來，我又看到這樣的話：「你是我今生最愛的人！你的愛將永遠陪伴我！我的愛，也將永遠陪伴你！我們的愛永遠都不會變！」這篇日記的標題是「一生只愛一個人」。

看到這裡，我想起初中畢業那年，和一個比自己大一歲的外地女孩的故事。那時，她在爸爸的單位工作。我曾經迷迷糊糊地和她交往了半年多，可現在的她，早已爲人妻爲人母。高中畢業時，我去拿大學錄取通知書，認識了一個也考到台北的同學，我竟然對她一見鍾情，後來寫了很多愛語。可如今，我跟她也好久沒聯繫了，不知道她結婚了沒有，過得怎麼樣，現在做什麼。我只知道自己當時流著眼淚說：「我眞的很喜歡妳，希望妳能成爲我的女朋友。」她答應了。可她至今也沒有成爲我的女友，我也沒有一生只愛一個人。也許一切早已改變。走過許多路，見過很多人，歷經很多事，到現在，我終於明白：「這個世界一直都在變，沒有什麼是絕對的、永恆的。」

曾經認爲只要好好工作，就不會被老闆炒魷魚，結果我還是多次失業；曾經認爲我寫的這篇文章一定會被雜誌社刊用，結果投稿以後石沈大海；曾經認爲武俠很低俗，到現在才明白武俠也有武俠的好，《水滸傳》其實也是武俠小說；曾經認爲說書就一個人講，沒什麼好聽的，到現在才明白，「醒木一敲風雷動，摺扇輕搖論古今」，果眞有風雅，以至工作之餘總在電波中搜索說書人的聲音；曾經認爲，只要眞心愛，就會贏得一個人，到現在才明白，你對她再好，她也一樣會選擇別人；曾經認爲，再也不會這樣地愛一個人了，到現在才明白，抓緊機會，認眞地去愛才對。

可見，世界並不是以你爲中心，你認爲生活該是這樣，事實未必如此；你認爲不會改變的人和事，在經歷一段時間後，很多人與事都改變了。其實，包括你也在變，有時變得最多的竟是你自己！當然，變，有好也有壞，但爲了更好地生活，我們都得變，「變，才是唯一的不變」——只是，不要忘了那顆孩子般天眞善良而又美好的心就行了！

感悟點滴

愚蠢的人，總是追憶過去的創傷；智慧的人，總是澆灌希望之花。英國女作家潘馨·斯屈朗說：「把你的一切罪念和愁慮，都埋葬在『過去』的墓園中吧！」無論是成敗得失，還是快樂悲傷，都會過去，希望的曙光總會在東方出現。打起精神來，在陰雨天陽光地走過。

9 每一種改變都需要付出代價

許多人在個人得失上常常出問題，
得意時容易忘形，
失意時容易失態。
你必須時時審視自己的行爲，
對人生的收益要低估，
對人生的成本要高估，
正所謂「低調做人，高調做事」。
唯有此你才能時時清醒，
以防頭腦發熱做出蠢事。
只有正確權衡人生的得失，
才能保持平衡的心理。

錢道在大學學的是美術專業，電腦也玩得頂呱呱，是個有名的高材生。畢業後，在一家大型企業上班。本來工作得挺好的，但強烈的創業欲迫使他辭職，出來成立一個工作室，專做書刊、廣告設計，這就需要租一間辦公室。他找了好些地方，最後選中離市中心稍遠但交通方便的一間辦公大樓。屋主炒股票發達後買了這棟樓，一共九層，一層是大廳，二層和頂層他自己公司用，三至八層出租。錢道去的時候，見四至八層已租滿，唯有三層空閒，就選了三樓一間五十坪的房間，簽訂了三年的租賃合約。交了房租，他就搬進去開始辦公。

整個三樓只有錢道一家公司，可沒過四個月，屋主在報紙上登出房屋租賃廣告，三樓就變得門庭若市，但全都是來看房子的。錢道也沒把這事放在心上，因爲別人租房跟他沒什麼關係。突然有一天，屋主來找他，態度格外誠懇地和他商量：「有一家公司想要租用整個樓層，現在三樓只有你們一家，六樓正好有一個空房間，而且裝修過，比三樓好，因此我想——你可以先去看看房間嗎？」

錢道有點意外，本沒打算搬家，但是見人家誠懇的態度也不好推辭，就答應了。六樓看上去比三樓好，房間裝修過，面積又大一些。錢道想，房間不錯，就同意搬上來，這對雙方都是件好事。可還沒等錢道表態，樓主就先開了口：「這房間比你樓下的那間大，我讓人從柱子那裡隔開，這樣，那個房間和你樓下的就一樣大。」

錢道一聽，滿臉不高興，心想，若是一樣的面積，我幹嘛要搬？三樓那間辦公室本來已經租給我了，你無權再整層出租。於是錢道微微一笑，說：「我不打算搬了。」說完，一扭頭下了樓。

還沒過三天，屋主又來找錢道，態度更加誠懇地說：「我知道，我們無權讓你搬走。但是，你知道現在房子一點都不好租，我們打了好幾期廣告，才找到這麼一個租戶，而且是要一整層。所以想麻煩你幫個忙，就算我求你，你搬上去，房間我也不分開了，全都給你用，多出的面積今年內就不收租金，明年再算。你看這樣好嗎？」

錢道還是搖了搖頭：「眞是對不起，我是按照我的預算租下這間房的，不會輕易改變，假如要改，那也得按照我的意願，而不是別人強加給我的。」

過了五天，屋主第三次硬著頭皮來找錢道，此時，他已經知道光有態度是不行的，只得忍痛割愛地讓步：「要是你願意的話，六樓的那個房間整個都給你用，三年內房租按原來的數目收繳，搬家的人力、費用由我們出。」

錢道一聽，終於微笑著點點頭：「我可以答應你，要知道，你已經爲此付出了代價，我要是再拒絕，你的損失會更大，我也就做得太不講人情了，因此說，每一種改變都要付出代價。從一開始，你要是明白這一點，事情就不會拖到現在。」

於是雙方簽訂了一份補充合約，第二天，錢道就搬到六樓辦公。可接下來發生的事大大的出乎意料：原來想租用三樓的那家公司，因為實在等不得了，就在錢道搬家的那天，選定了別處的一層辦公室。

天下沒有白吃的飯，每一種改變都需要付出代價，你可以少付代價，但不能不付出。要是一點都不願付出，結果往往會付出更大的代價，乃至「賠了夫人又折兵。」因此，千萬不要有佔便宜、怕吃虧、捨不得付出的念頭。此外，你還應明白，「付」與「報」之間可能有時空差甚至對象差。比如說，你今天在這家公司努力工作，可能沒有回報，但由於你努力工作而提升了能力，另一家公司老闆開始重用你。

沒付出就沒有收穫。一付出就立即有回報當然最好，可現實中往往是回報暫時沒達到心理預期，此時最好理性地分析一下，別忙著放棄。豐碩的甘果是會回報給有足夠耐心耕耘和等待的人，這就好比炒股一樣，擁有潛力股，就需要耐心等它升值。當然，在等待回報時，也不能過貪（這與付出其實是違背的），要懂得在局面不利時，儘快停損。

正是在忘記自己的時候，才為自己做得最多；正是在忘記煩惱的時候，才會有更多的快樂。

相反的，如果你始終想著「人不為己，天誅地滅」，而且僅僅是為了自己，那很多人都想「滅」掉你，到頭來倒楣的還是你！「為自己」本是人的天性之一，並沒錯，但放得太大就成了「自私」。自私的人凡事不肯吃虧，不輕易付出代價，總愛斤斤計較，甚至還振振有詞地說：「我不想吃別人的虧，我也不會讓別人吃虧；我不讓你吃虧，你也別讓我吃虧。」

不肯吃虧的習慣，可能會讓這種人賺足每一分便宜。這儘管不能算錯，但就是真正的「高明」嗎？我們是否想讓更多的人都樂意長久地支援自己、與自己合作？如果你讓與自己合作的人賺一分「便宜」，人生會是什麼結果呢？

其實，比「不肯吃虧」更高明的思維方式是「吃虧是福」。美國著名訓練專家史蒂芬・柯維（Stephen Covey）在其著作《高效能人士的七個習慣》中說得最好，追求成功的人應具備「雙贏思考」的好習慣。

10 學會做成功路上的「飛行員」

小樹在成長過程中，
必須適時地修理偏枝，
才能保證主幹的筆直。
汽車在前進過程中，
必須適時地調整方向、選擇路徑，
才能安全快捷地到達終點。
人生的道路很難有筆直的，
不要爲走彎路而難過，
只要懂得定期請教地圖、路標和行人。
即使在懸崖邊也可勒馬。

你擁有夢想，甚至是大夢想。很好！詩人雪萊說：「我們可以成爲我們所夢想的那樣。」

在什麼時候實現自己的夢想呢？也許你定為五年，可是當你全心地投入一段時間後，突然發現生活打傷了你夢想的翅膀：問題接連不斷發生，就像風箏，被線拉住了，怎麼也不能飛得再高再穩一點。後來，夢想與生活的差距太大了，就好像風箏不等於雄鷹。

假如你放飛的不是風箏，而是一架飛機，情況又會怎麼樣呢？先不直接回答這一問題，我們來看這樣一件事：許多人乘飛機從巴黎飛往紐約，這是一段漫長的旅程，可每天都有很多人登上飛機，相信自己一定能到達目的地。

現在，我要跟你透露一點，在九十五％的飛行時間裡，飛機都是偏離航道飛行的。試問，要是在一張地圖上取兩個點，把它們連起來，現在，你從一個稍稍偏離的點來看，會出現什麼情況呢？唉呀！真是「差之毫釐，失之千里」。

可是人們坐的飛機不都絲毫不差地平穩到達目的地嗎？細心的你可能想到，是五％的飛行時間，讓人們最終能準確飛往目的地。

這五％的時間怎樣決定的？飛機是由飛行員負責方向。飛行員有預定目標，即飛到紐約。飛行過程中，他深知由於氣流會把飛機吹得偏離航道，他監控著飛機的飛行方向，不時地進行調整，最終使飛機順利抵達終點。

現在，我可以回答你了。生活就像空中的飛機，常置於交叉氣流和風之間，時時會被吹得偏離航道。可見事情的發展進程，並非我們想像的一條直線。因此，我們要像「飛行員」一樣，懂得不斷地調整方向，以到達夢想之地。

夢想畢竟是夢想，只有成就了它才算現實。懂得夢想與現實之間是有差別的，你還擔憂什麼？瞧瞧手中的地圖，看一下自己是否偏離了正確的方向，再給予適當地調整，讓飛機回到正確的路線上來。

感悟點滴

正視事實幾乎不需要智慧，接受事實是邁向成功的第一步。完美與不完美總是配套的東西，就像汽車的剎車和油門一樣。生活中不如意好比是剎車，但它並非障礙，而是前進得更快更好的必需，順利就如踩油門向前直衝，但油門不能一個勁兒地踩。兩者的有效搭配，才能使車更迅速、安全的前進。

此外，你還須明白，無論到什麼地方，很少有直通車，而且這條道上也並非只有你一人，別人可能也會阻礙了你的前進，你還必須懂得繞行。

舉個例子吧！一乘客上了計程車，並說出自己的目的地。司機問：「先生，是走最短的路，還是走最快的路？」乘客不解：「最短的路，難道不是最快的路？」司機回答：「當然不是。現在是車流高峰，最短的路交通正擁擠，弄不好還要堵車，所以用的時間肯定要長。你要有急事，不妨繞一點道，多走些路，反而會早到。」生活，的確經常需要計程車司機這樣的「繞道」思維。

11 從雕刻之道學習做人做事

懂得珍惜當下所擁有的，
懂得細水長流、勤儉節約，
懂得用豐補欠，以防意外發生，
這是謹慎生活的技巧。
人與人之間太親近就會習以爲常，
產生怠慢的感覺；
人與人之間不留空間就會使對方窒息，
產生遺憾的結局。
距離也是一種保護，
適當的距離才能產生美感。

何謂雕刻之道

韓非在《說林・下篇》中寫過一段話：「桓赫曰：『刻削之道，鼻莫如大，目莫如小。鼻大可小，小不可大也；目小可大，大不可小也。』舉事亦然，爲其不可複也，則事寡敗也。」

這段話講的是工藝木雕的要領，首先在於鼻子最好是大一點，眼睛最好小一點，鼻子雕刻大了，還可以改小，如果一開始便把鼻子給刻小了，就沒有辦法補救了。雕刻眼睛也一樣，初刻時眼睛要小，小了還可加大。如果剛開始雕刻時，就把眼睛弄得很大，後面就無法縮小了。做事也一樣，凡事要留有餘地。做到這一點，才能避免失敗。

簡言之，雕刻之道就是留有餘地。留有餘地，才能做到均衡、對稱、和諧。在這一點上，就連我們身上的五官佈局，也都留有相應的餘地。雙眼的布排與眉毛的錯落，耳朵生長於頭顱兩側，大小高低不差。再來看四肢、五官、七竅，也都分佈得非常的均勻。

在人際交往中留有餘地

留有餘地，才能做到進退從容、曲伸任意。有句諺語說：「留得肥大能改小，唯愁脊薄難復肥」，「內距宜小不宜大，切記雕刻是減法。」做人也是同樣的道理，大家都說：「適當的距離是一種美。」人與人之間，保持相應的距離，才能避免摩擦和糾紛。

因此，在人際往來中，話不可說滿，事不能做絕，這才有足夠的迴旋空間。人們常說天無絕人之路，就是說連上天都會爲每個人留有轉機，留有選擇的餘地。

閩南話中有一句俗語說的是：「人情留一線，日後好相見。」言下之意是與人相處，凡事不能做絕，那以後不管在什麼場合見面，都不會感到難堪尷尬。

一般性的講話都需要留有餘地，而批評人更需要講藝術，便是給人留下改過自新的機會。而表揚人時留有餘地，便是給人留下繼續進取的動力。

在工作中留有餘地

書法家與畫家進行創作，一般都會「留白」，編輯進行版型設計，一般也都會「留白」。留白，也就是留餘地，爲的是給觀賞者和讀者留有思考與想像的空間。

電腦的檔案資料也需要備份，以防病毒攻擊系統癱瘓，或操作不當丟失資料。

建築設計要留出一些空地給綠樹與陽光，給花草與空氣。當然，房屋的鑰匙要多備一把，以防遺失無法進家門。

工人們鋪築路面時，每到一定的距離，就要留下一條名爲縮水線的「餘地」，來防止路面發生膨脹而破裂。高速公路每過一段里程，也都在路邊留出一塊「餘地」，供出問題的車輛應急停靠檢修。再狹窄的公路，也須留有錯車的位置。

工作，也要留有休息的餘地。甚至升學填報志願，也要留有「第二志願」的餘地。彈琴唱歌，餘音繞梁；贈人鮮花，手留餘香。流水有迴旋的餘地，才能減少災害；江河有漲落的餘地，才不致泛濫成災。

對人類的生存資源留有餘地

此外，還有一點非常重要，不管是土地資源、水資源，還是其他資源，都是有限的，甚至是永遠無法再生的，如果我們只知道盲目地開發、拼命地掠奪、無節制地浪費、大肆地消耗，不考慮後果，那這種生存方式會使子孫後代遭受災難。

衆所周知，在大自然界中的動物兔子也懂得狡兔三窟，留有逃生的餘地。得勢不忘失勢，才會有後退的餘地。強盛而不忘衰敗，才能富有而不致破落。

對人來說，更如此。家有餘糧，日子好過；日有餘用，生活安穩。

對大自然，退耕還林，是給樹木留一份蒼翠的餘地；保護森林，是給自然留一份和諧的餘地；保護濕地，是給水禽留一份生存的餘地。

感悟點滴

人生老是如此，有了地位，沒了健康；有了成功的事業，失去了美滿的家庭。生活中還有這樣的事，許多人愛爭第一，車速慢了點就感到與生活脫軌，搶來搶去老愛蛇行超車，結果也沒快多少，甚至一失神撞了人，弄得賠了夫人又折兵。做事之前不三思，不計後果，就會自食惡果；不想退路，就會走投無路。

思想者說，多行不義必自斃；數學家說，一把鑰匙不能開所有的鎖，一種方法不能解決所有的問題；獵人說，我們這行最忌諱的就是在一個地方設滿圈套與陷阱；工程師說，一間屋子除了一扇大門外，至少得有一扇後門或窗戶。

12 從咖啡與茶看日本善用「外來」

知識既能使人偉大，
也能使人渺小。
知識是一種潛在的能力，
能力是運用知識的本領。
學習的目的是自己教育自己，
而不是爲了包裝自己。
爲包裝自我而學習，
終會被自己設想的枷鎖套住。
學習之前先學會學習，
學會學習才會事半功倍，
盲目地學習是在浪費生命。

明治維新年代，咖啡伴隨西式的生活進入日本，漸漸流行起來，乃至成爲了一種

「國飲」，日本許多叫得響當當的「吃茶店」，竟搖身變成喝咖啡的。

從西而來的咖啡竟「泛濫」到這樣的地步，不由得讓人想到日本眞正的「國飲」——茶。當然，日本的茶是從中國傳入的，這在陸羽的寶典《茶經》裡就有相關的記載。據報道，日本老年觀光者幾年前曾到中國江西茶鄉婺源觀看茶藝表演，當地老人說日本的茶道就是來自婺源，日本人是來這裡尋根的。

如此，可以肯定地說，日本的咖啡與茶都是「外來」的。然而，擅長「外來」的日本人對二者採取的做法卻是截然不同。對中國茶，日本按東方人的「外來」思維，把日常生活的飲茶提升到茶藝、茶道，提高到「修身養性」的哲學高度，當然，類似的做法還有書道、劍道等。我們雖然能標榜中國是茶的故鄉，是「正宗」，是源頭，但是不能不承認日本的茶道在一定程度上已經超過了「正宗」的我們，並成了日本的一門獨特餐飲藝術和文化藝術。從「外來」到改造，再到脫胎換骨成爲自己的風格，可以說，日本的茶道走了「藝術貴在創新」的道路。

但日本對於咖啡的「外來」，採取的則是實用主義，日本人壓根就沒想過要把咖啡發揮成「咖啡道」，這不禁讓人感到納悶。原來，咖啡簡約、方便，充分體現了現代時尚的特色，UCC生產的日本第一罐即溶咖啡，把咖啡送進了尋常百姓家庭，而便宜咖啡套餐更是在咖啡平民化上立下了汗馬功勞。

好厲害的日本人，把從中國「外來」的茶藝術化，把從西方傳入的咖啡平民化，各有各的味道，各有其特色。

日本人就是這樣，在飲食、文化上，頗擅「外來」，尤其是向中國。董恒宇在《周易經商手冊》中說：

正像上海社科院楊宏聲先生指出的：「日本企業界對管理理論的需要一般特別重效用，而不管其理論來源自何種學科性質的材料，只要能爲我用就是了。……在這種實用性價值觀指導下，中國許多古代經典，從《孫子兵法》、《貞觀政要》，到哲學小品《菜根譚》，當然還包括《周易》本身，都成了關管理之道的文獻和學問。」在日本的一些企業中，要求課長要精通《三國演義》，部長要精通《孫子兵法》，經理要精通《周易》。沒有這些資本，晉升是很困難的。總之，日本、「四小龍」乃至美國等工商界的大亨們，已經把咄咄的目光轉向中國智慧的源頭——《易》了。」

愛因斯坦晚年曾說：「西方科技沒有東方哲學的引導，就是瞎子；東方哲學沒有西方科技的支援，就是瘸子。」

我們也知道，中國有完善的兵法全書，在世界軍事思想史上佔據著獨特地位。同時，中國也是一個政治智慧高度發達的國家，重視謀略的研究與應用。在幾千年的封建社會裡，儒家思想在主流社會的意識形態中一直佔據著統治地位。儒家思想的一大特點就是重政治、輕科學，重農業、輕商業。

總之，中國古代的文化思想，主要集中於軍事和政治，顯然符合了當時的國情。中國古代的文化思想影響了整個封建社會，對後世，乃至世界都有舉足輕重的影響。

中國有相當豐富的文化思想底蘊，而且中國古代的科技一直處於世界領先水準，但自明代中葉以後日趨下滑，一蹶不振。而日本卻擦亮雙眼，發現了中國傳統文化思想的博大精深，便傾心向中國古代經典學習經營管理之道，諸如《論語》、《孫子兵法》、《三國演義》，甚至《菜根譚》……就像茶一樣，他們善用「外來」，飽吸其營養精華，把它們提升到一個文化藝術、管理哲學的高度，活用於公司、家庭、社會的倫理秩序，這對日本經濟產生了強大的推動力。

許多西方人到日本取經，也一再發現日本企業管理精髓的根源在中國。美國夏威夷大學成中英教授說：「日本管理的成功，眞正基礎是中國的古代哲學思想。」中國傳統管理智慧的枝葉長到了日本，精明的日本人採擷了花與果，甚至還把花釀成了蜜。

從一個國家到一個民族，從一個民族到社會群體中的每一個人，我們是否也擅長利用「拿來」呢？像日本人一樣積極善用外來，提升智慧，可謂博採擷長，融合提煉，自成一家，爲己所用。這需要我們「被迫學習」爲「主動學習」，有眼光，有鑒別，有針對性，更加符合個人興趣與時代競爭要求的新教育模式與個人學習方式。

感悟點滴

未來世界的競爭，實際上是學習力的競爭，而學習也因此被提升到極高的地位。我們每個人都得在上面下功夫。不過同樣都是學習結果卻大相徑庭。學習者應當知道，真正的學習並不僅是為學會某一技能，而是學會自我學習，學習不僅是方法論，更是認識論。人生真正獲得成長的時候，是在你學會學習的時刻。

13 讀書是如何決定命運的

吃不窮，穿不窮，
不會算計一世窮。
會賺錢是一種本事，
會花錢也是一種本事。
懂得精打細算，但不做吝嗇鬼，
該付出的要「潑墨如水」，
不該花的要「一毛不拔」。
成功也一樣，要學會投資，
沒有成功的資本就難與成功有約，
沒有健康的身心就難攀成功之峰，
沒有豐富知識就難理複雜之事，
沒有認眞的思考就難有走向成功的智慧，
沒有快樂就沒有走向成功的好心境，

沒有眞情就難有走向成功的關愛。

美國某雜誌社曾對美國公衆做過這樣一項調查：

「你的生活是否總不如自己所期望，在社會上尋求眞愛愈來愈困難了。」

調查結果是這樣的：高中教育程度的人持贊同意見的分別是三八%和六七%；大學教育程度的人，持贊同意見的比例下降，分別是二八%和五三%；大學以上教育程度的人，比例又更低，分別是二三%和三九%。

該雜誌做出結論：讀書的多少與對生活的滿意度密切相關；要獲得滿足與眞愛，就應該去上學、多讀書。

也就是說，財富、愛情、幸福與教育程度有關。但也有不少人質疑：「要想成爲一個有用的人，一定得上大學嗎？」

當然，一個人的能力不應該用讀書多寡來衡量。許多人也反覆指出，高學歷並不一定代表高能力，低學歷未必能力就低。但現實中又幾乎都是這樣，高學歷的人往往有高收入，這又怎麼解釋呢？

會造成這種情況，可以從勞動市場的資訊傳遞來說明。勞方與資方之間的資訊是不對等的，一個人到底有多大能力，需要從工作中觀察。但是這需要時間考驗，而雙方在工作之前往往需要定好報酬，老闆得向高學歷者支付高工資。而學歷高的人投入的成本高，要求的報酬也相對更多。

我們無法否認這個事實，進入好多單位是有學歷門檻的，而且高學歷者與低學歷者在總體上相比，報酬是有明顯差距的，最終市場反饋給我們的往往就是高學歷者幾乎都有高收入，人們要學習才能證明自己。專業一點說，人力資本的投資大多都是有回報的。高中畢業的小白就是一個很好的例子。

他在一九九六年有十萬元存款，扣除生活開銷每月淨收入三千元，如此，到二〇〇六年，他的財富將達四十六萬元。可一九九六年，他決定到大學進修。三年學費二十萬元，生活費二十萬元，到一九九九年時，他的存款歸零。但此後他就獲得四年高達八十萬元的淨收入。結果，早在二〇〇二年，他就有了四十六萬元存款，而到二〇〇六年時，他的存款已經破百萬。

顯然，這得歸功於讀書，當然這還是簡單計算，而且在學習時，他還遇到了自己的紅顏知己，無怪乎古人說：「書中自有黃金屋，書中自有顏如玉。」

記住，對人力資本的投資是個人致富以及個人與家庭理財的第一課。

感悟點滴

工作是創造的天地，知識是力量的源泉。

網易創始人丁磊説：「財富可以分為兩種，一種是口袋裡的『財』，另一種是腦子裡的『才』，我更看重腦子裡的『才』富。」

文學家説：「知識有如人體血液一樣寶貴。人缺少了血液，身體就要衰弱；人缺少了知識，頭腦就要枯竭。」

人生的愚昧必須用知識來清除，心靈的黑暗必須用知識來驅趕。學習是為將來之用，當學不學，到時欲哭無淚。

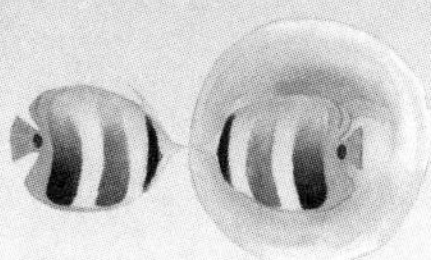

14 學會翻轉銅板，讓錢為你而舞動

用不著爲貧窮嗟歎，
社會在不斷地向前發展，
觀念落後才是最大的貧窮，
最差的是人窮志短。
消極沈淪是人生的一種墮落，
只會使人喪失鬥志，
永遠都是貧窮的奴隸。
積極而又認眞觀察生活的人，
就能學到新鮮的知識；
細心而又熱愛品味生活的人，
就能得到莫大快樂；
每天都能努力進步一點點的人，
就會是一個生活的富有者。

窮人家的孩子往往有羞怯、自卑、孤僻的性格弱點，他們逢人不敢大聲說話，遇生人一對話就臉紅。林雲（化名）就是這樣的人，他的父母日出而作，日落而歸，每日都在田地裡忙碌，辛苦了一輩子，也刨不出一個金娃娃，甚至逢年過節，窮得見不到油水。他長到十九歲都沒穿過一件新衣服。一九九五年，好不容易考上大學，家裡東找西湊，可面對天文數字的學費也只是杯水車薪。

苦命兒南下打工，幸運遇到好老鄉

林雲斷了升學的妄念，拿了一千塊錢，到台北打工去了。他以爲「台北遍地黃金」。可到實地一轉，人家都要專科以上學歷，他一下子成了泄氣的皮球。幸運的是，坐車回旅社的途中，有一個老鄉見他長得憨厚老實，便介紹林雲去他弟弟的廠裡試一試。林雲千恩萬謝之後便去了，這是家擁有上千名員工的工廠，老鄉的弟弟是工廠主任，見林雲還算伶俐，就用他做包裝員。經過一個月的打拼，他賺得第一筆錢，兩萬塊錢，還高興得要請那老鄉吃一頓。老鄉本想拒絕，但見林雲的眞誠就答應了。

進行智力投資，才能讓錢爲自己工作

飯桌上，林雲突然問：「你弟弟當工廠主任，工資不會很低吧？」

老鄉回答：「一個月六萬多塊」。

林雲一聽，腦袋都爆炸了，每天不用加班，輕輕鬆鬆一個月，工資是自己的三倍。他突然恍然大悟：掙錢也有一定的訣竅，應該讓錢爲自己工作；先花點錢充實自己、武裝自己，把錢變成手中的工具，這樣才能駕馭錢，以掙更多的錢呀！

就在同事們把積蓄給家裡寄出時，他把一半薪水拿出來，報名參加了一個電腦培訓班。由於林雲能吃苦，又虛心好學，遇到不懂的地方，都會跑到培訓中心去討教。培訓老師被他的勤奮所感動，便特意爲他留了一台機子，無論什麼時候去，這台機器都爲他服務。就這樣，林雲從最基礎的入手，在一個月的時間裡，學會了辦公軟體和資料庫管理，而且每分鐘還能夠打六十多個字。有一天上午上班，一時閒著，他便偷偷地拿出《Office從入門到精通》，正看得津津有味時，工廠主任來巡查，因躲藏不及，被發現了。這時，他臉火辣辣的，心想，這下完了。

出乎意料的是，主任笑著問他：「你是不是懂電腦？」

林雲羞怯地點了一下頭。

「那好，你下班後到我辦公室一下。」

林雲一聽驚慌失措，第六感告訴他，大禍臨頭了。終於熬到下班，進了工廠主任的辦公室，主任笑著指了指桌上的電腦：「你幫我把這個月的生產日報表整理一下。」

林雲坐下來，熟練地操作起來，由於他學得紮實，三大張密密麻麻的報表，只花了二十分鐘就搞定了。

主任滿心歡喜地說：「小林，辦公室現在正好缺一個人，你明天就到這裡來上班吧，職務就是主任助理，月薪二萬八千元。」

眞是託那一萬元的福，林雲成了全工廠唯一一個從流水線走向辦公桌的員工。這下薪水漲了一半，還可以整天玩電腦，有不懂的地方，能大膽地向主任請教。

主任也是個熱心人，使得林雲的電腦技能得到突飛猛進的提高，過了七八個月，他熟悉了區域網的安裝和維護，對編程式也有了一定的瞭解，在公司成了一個「專家」級的電腦人物。他竊想，只要好好做，不出三五年，也能發財的。

把死錢變活錢，錢才會繼續爲自己工作

然而，就在一九九六年年底的時候，工廠主任突然對林雲說：「我一個同學在東莞有家電腦公司，現在正缺一個人手，假若你願意的話，我介紹你去那上班，月薪不

會少於五千元。」

林雲一聽，眞是感恩戴德：「我眞是不知道該如何感謝你們，我會珍惜這個機會的。」

一九九七年春節剛過，林雲便從台灣來到了東莞。東莞天源電腦城是東莞市電腦器材和耗材最大的聚集地，有一百多家公司在這安家落戶，工廠主任的朋友的公司是其中一家，林雲主要負責產品的售後服務，月薪是六萬元。

按理說，林雲應該知足常樂了。可當他把錢往銀行存時，那顆興奮的心又被點燃了，錢存在銀行裡，對儲戶來說就是死錢，可是銀行卻可以利用它們獲取最大的利益，它又變成了活錢。自己爲什麼就不能把它變成活錢呢？一定得想辦法繼續讓錢爲自己工作。

想好了就做。一九九八年春節的時候他沒有回家，而是毅然的離開了這家公司，把原本打算存進銀行的積蓄跟朋友合夥租了一個二、三十平方米的攤位，註冊成立了一家電腦耗材公司。林雲仍負責銷售及售後服務，朋友主管進貨。林雲是一個銷售及維護的業務「高手」，朋友是識貨的「專家」，一年下來，他們淨賺二百多萬。

他們的業務也越做越大了，但林雲又感到不安，自己只有高中生的水平，這樣下去，好景是長不了的，公司大了眞的有點招架不住，如何去管理？如何進行成本核算？面對存貨愈來愈多，面對產品單價變動頻繁的電腦行業，如何應對呢？林雲決定再學習。

再度翻銅板，人生才會更精彩

他拿出了近十萬的積蓄，考察了五家大陸的著名企業，又在二〇〇二年二月到廣樂東莞科技培訓院和英國威爾士大學在東莞聯合舉辦MBA報了名。經過兩年半的學習，內心明亮了許多，以前，雖然常知道有些事情做錯了，可就是不知道該如何去糾正；現在可好了，一有問題，馬上會意識到，並能想方設法把損失降低到最小，並且筆桿子也硬了。過去，他喜歡寫點東西，但從不敢投稿，如今「膽子」大多了，有了案例教學的指點，便結合實際撰寫幾篇文章，結果都被刊用了。

二〇〇二年十一月份，林雲學MBA結業後，又和朋友成立了一家電腦公司。

如今，林雲的生活越過越好，他在外面闖蕩的這幾年充分證明，一個人必須懂翻轉銅板，讓它爲自己舞動起來，爲自己工作。

「吃不窮，用不窮，不會算計一世窮。」美國著名投資家羅蘭·巴菲特在他的遺囑中，將其個人財產的九十九%捐給慈善機構，只把爲數不多的一%留給自己的孩子。他說：「我希望我的孩子們有足夠的錢去做他們想做的事，而不是有太多的錢，什麼也不想做。」

思路決定出路。改變一下陳舊的觀念，拿出你的錢，爲自己作些規劃，努力提高自己的技能，讓錢爲自己工作，這樣你就開了一個「人生銀行」。轉變自己的觀念，打造一口屬於自己的油井，你的人生才會更豐富更精彩。

感悟點滴

《華萊士財富宣言》中說：「人們的思考方式直接決定了他的做事方式。要按照正確的方式做事，首先應該學會按照正確的方式思考，這是第一步。」生活中，我們每個人都扮演著不同的角色，幸福的標準在每個人的心中也不盡相同。你的需要決定你的想法，你的想法決定你的選擇或者改變。在改變中，一個人將面臨許多的方向，這裡面含有不確定性，而透過學習獲取資訊，可以消除不確定性，從而釐清改變的方向。

15 他是怎樣發現速食麵的？

生活中處處都是成功之源。
想在職場中生存和發展，
應當善於發現、關注細節。
一件精品，
常在細微處更能體現價值；
一份執著，
更體現在能把眞情灌注於每個細節。
要想在職場中贏得成功，
還得善於思考、勤於行動，
把點滴串連起來就會成一片輝煌。

速食麵是一種家喻戶曉的食品，它的出現被稱爲是「二十世紀最偉大的發明」。
據統計，二〇〇三年全世界速食麵的產量達到六百三十二・五億包，其中中國二百七十七億包，印尼一百一十二億包，日本五十四億包，韓國三十六億包，美國三十七．八億包，年產值已高達一百四十億美元。

由此可見，速食麵確實是一項偉大的發明。然而，當你吃著香噴噴的速食麵時，可知道它的由來？

窮人堆裡催生的靈感

速食麵的由來還得從一九四五年說起，那時，第二次世界大戰剛結束，日本經濟蕭條，人們的生活困難重重，大街小巷都是貧窮的人。當時，許多人窮得只能吃蕃薯簽。

速食麵的發明人是日籍台灣人安藤百福有一天，安藤百福路過一家拉麵攤，見許多衣著單薄的窮人冒著凜冽的寒風，排了二三十米長的一支隊伍，只爲了吃一碗麵。他的腦子裡突然蹦出一個念頭：要是有一種馬上就能食用的拉麵，人們就不用受這麼大的罪，該多好呀！

回家後，安藤百福仍在思考這個問題，一九五八年時，他一心一意研究拉麵。研究室是一個十平方米的房間，就建在大阪府池田市的住宅後院。安藤百福弄來一台舊製麵機，又買了一個直徑一米的砂鍋、一袋十八公斤的麵粉和食用油。

在生活中悟出道理

安藤百福認爲，速食麵應當同時具有以下五個特點才行：

1. 味道好而且百吃不厭。
2. 能夠成爲家庭廚房常備品，且具有很長的保存期。
3. 不必經過烹飪，只要一加入熱水就可馬上食用。
4. 價格低廉。
5. 安全衛生。

速食麵的研製，說起來還有點滑稽，安藤百福根本就不懂做麵。要知道，麵條的原料摻配非常微妙。從這一點來看，他得付出很大的勇氣和汗水。一開始，他把所有想到的全都試了一遍，結果都失敗了。

然而，安藤百福堅持不懈，終於解決了保存問題，但效果還不夠理想。一次，他見太太做油炸食品，發現油炸食品的麵衣上有許許多的洞眼，就好像海綿一樣。原來，麵是用水調和，在油炸的過程中水分散發，就形成了「洞眼」，一加入開水就迅速變軟。由此，他想，要是把麵都浸在湯汁中使其著味，然後油炸使其乾燥，就能解決保存和烹調的問題。他興奮地把這種操作方法稱爲「瞬間熱油乾燥法」。

怎樣使速食麵吃起來更香一點呢？安藤百福百思不得其解，後來還是後院的研究小屋旁養著的雞，給了他啓示。一天，岳母把宰殺了的雞做成美味菜肴，端上餐桌，而且還把雞骨頭熬的湯放在拉麵裡，兒子吃得很香。他當時想，世界上許多國家的人都喜歡吃雞肉，於是決定速食麵也用雞湯。就這樣速食麵誕生了。安藤把試製品發給許多熟人，得到了很好的評價。此後，他又委託朋友把樣品送到美國試探市場，結果很快就傳來喜訊，要求加訂五百箱。這使得他意識到食品沒有國界，說不定這個商品還會在全球流行起來呢！

感悟點滴

人生需用要一雙「千里眼」，需要一顆「智多星」。如果你能在發現中思考，在思考中發現，就會在鉛灰色的世界燃出靈感的光芒。這就像藤安百福一樣，哪怕是在窮人堆裡，也能獲得發明速食麵的靈感。

16 想問題，還是想方法

別人可能生活在牛角尖裡，
但你一定得有多元思維。
固執不是解決問題的辦法，
頭腦僵化會影響辦事效率。
不妨學一學跳躍式的思維，
改變別人可能事倍功半，
改變自己可能事半功倍。
你很難改變別人的看法，
能改變的恰恰只有自己。
當你改變自己，決心做下去時，
往往又能感染別人。

你有過被許多問題困擾的經驗嗎？假如有，你是如何做的？你做得如何？假如你沒做好，或者現在正面臨著難題，下面的故事對你或許有很大的幫助。

澳洲被譽爲「騎在羊背上的國家」，那裡曾發生過這樣一個眞實故事。一個年輕牧人的家族靠養羊度日。到了他這一代，羊群已經突破十萬隻的規模。

這是一個可喜的數目，可他很困惑，羊群爲什麼到了十萬隻，數量就不再增加了。

不久，他見爺爺來到放牧的農場，便問緣由，爺爺竟回答，「我也一樣」。

夕陽西下，四散的羊群也都一下子回來了。天漸漸變黑，年輕人在星光下托腮而思。近來，每到半夜時，就會聽到羊發出慘叫聲。第二天一看，大約五十隻成羊死於非命，連腸子都被扯出來，小羊羔的死傷數量簡直無法統計。如果說是狼幹的，狼的胃口能有這麼大嗎？如果不是狼，又會是什麼殘暴的猛獸？

後來，有位動物學家路過於此，年輕人便向專家求教，這才知道了事情的眞相。原來，澳洲生活著一種野狗，是澳洲最喜歡食肉的獸，整個澳洲大概有一百萬隻，羊群的數量正因此而增長不了。怪不得他爺爺說「我也一樣」。這麼說，野狗在澳洲生存已有好多年了，人們受其禍害，也沒辦法解決。

現在弄清問題了，該怎麼解決這個難題呢？年輕人冥思苦想了好長一段時間，決定在整個澳洲建一道防護牆。可家人認爲，這想法太不切實際，幾千公里的圍牆，那得花多少錢。但是他一往直前，決心先在自家牧場的周圍用鐵絲網築起一道防護牆，然後再朝四周擴展，逐漸延伸。

他的努力使周圍的人深受感動，於是愈來愈多人都加入了築牆隊伍。後來連政府也拔款資助，一年後，防護牆建好了，從南澳洲大海灣向東延伸，經新南威爾斯，穿過昆士蘭支部，到達太平洋，成了世界上最長的防護牆，它高一．八公尺，分爲三部分，下面是小眼鐵絲網，上面是菱形鐵絲網，頂部是帶刺鐵絲。

這道防護牆確實給人們帶來了極大效益，不但使羊群的數量猛增，而且後來還成了澳洲一道有名的旅遊景點。許多人都親切地叫它「愛心圍牆」。

在我們身邊，類似這樣的問題還很多，大家也深受困擾，就是怎麼也解決不了，其實，只要想法一變，決心做下去，問題就可能迎刃而解。

感悟點滴

過去的人一定認為「水不可能倒流」，我們知道，那是因為他們還沒有找到發明抽水機的方法；過去的人一定認為「太陽不可能從西邊出來」，我們知道，那是因為他們沒有找到進一步瞭解別的星球的方法。成功不是不可能，只是你暫時沒找到方法。把注意的焦點永遠集中在找方法上，相信成功一定有方法，千萬別說不可能。

當然，同樣的問題，同樣的環境，同樣的困惑，方法不同，效果也大不相同。總之，不要把失敗說得太早，問題大多出自於方法手段。不管你做什麼事，多想想方法，換一套新的思路，往往就會有轉機。

17 別說夢想一文不值

用夢想之石撞擊生命火花，
用夢想之火點燃希望之燈，
讓夢想之燈明亮夜行之路，
讓夢想之路引領我們走向黎明。
人生時時都應有夢想：
一兩歲時期盼的是母親的懷抱，
十歲左右時愛好的是兒童玩具，
二十多歲時追尋的是與我相吸引的人，
三十來歲時渴望的是事業的大浪滔天，
四十多歲時嚮往的是人生的山寧海靜，
六七十歲時企望東山再起，
八九十歲時仍然壯志不已。

在中國人看來，這怎麼可能呢？一個夢想竟值上千萬美元，太不可思議了，然而，它是眞的，在美國就有這樣的奇聞怪事。眾所周知，每年十一月二十八日，是美國特有的節日——感恩節。就在二〇〇二年的感恩節來臨之際，芝加哥市一位名叫森迪・史密斯的中年男子遞交了一份訴狀，請求當地法院贖回自己去埃及旅行的夢想。類似這樣的訴求在美國社會並不新鮮，但是這麼一件在國人看來不可理喻的事情，竟在美國社會引起人們的強烈關注，成了新聞追逐的焦點。

一個從三美分增至三千萬美元的夢想

案情說起來一點都不複雜。四十年前，森迪・史密斯只有六歲，正在威靈頓小學上一年級。一天，老師要他們各說出一個自己的夢想。全班三十二名同學都非常踴躍，特別是森迪竟一口氣說出了兩個：第一個是擁有一頭小母牛；第二個是去埃及旅行一次。可當老師問到一個叫吉米的男孩時，他卻沒了夢想。爲了使這個孩子也像別人一樣擁有一個自己的夢想，她建議吉米向同學購買一個，就在老師的見證下，吉米用三美分向擁有兩個夢想的森迪買了一個。由於森迪當時太想擁有一頭小母牛了，便出售了第二個夢想——去埃及旅行一次。

四十年轉眼過去了，森迪已人到中年，並且在商界小有成就。這些年中，他到過世界上的許多地方，遺憾的就是沒去過埃及，並非他沒想過去埃及，其實，從他賣掉去埃及的夢想之後，他就從來沒忘記過這一夢想。只是，身爲一名虔誠的基督徒和誠信的商人，他不能去埃及，因爲他把這一權利賣掉了。

但是，他實在按捺不住了，因爲他的妻子打算同他一起到非洲旅行一次，在規劃旅行路線時，妻子將埃及的金字塔列入其中的一個觀光點。森迪決定贖回那個夢想，因爲他覺得只有這樣，自己才能坦然地踏上那個異國他鄉的土地。

然而，經聯邦法院審定，那個夢想價值三千萬美元，森迪要贖回去，就得傾家蕩產。

爲什麼一個夢想會值三千萬美元

吉米在答辯訴狀中說：

「在我接到史密斯先生的律師送達的副本時，我正在打點行裝，打算全家一起去埃及。這似乎是我一口回絕史密斯先生要求贖回那個夢想的來由。事實上，眞正的理由是這一夢想的價值。大家應當知道，小時候我是個窮孩子，窮到不敢有自己的夢想。

可自從我在老師的鼓勵下，用三美分從史密斯先生那裡購買了一個夢想之後，我完全變了，不再淘氣，不再散漫，不再貪玩，不再浪費自己的生命，我的學習有了很大的提升；後來之所以能考上華盛頓大學，我想完全得益於這個夢想。因爲我想去埃及，我有朝一日能去埃及；之所以能認識我美麗賢慧的妻子，我想也是得益於這個夢想，因爲她是一個對埃及文明著迷的人，假如我不是購買了那個夢想，我和她就不可能在圖書館裡相遇，更不可能有如今的幸福和甜蜜。之所以兒子目前能在史丹佛大學讀書，我想也是得益於這個夢想，因爲從小我就告訴他，我有一個夢想，那就是去埃及，要是你能獲得好成績，我就帶你去那個美麗的地方，他就是在埃及的召喚下，邁進大學的；之所以我在芝加哥擁有六家超市，總價值二千五百萬元左右，我想也是得益於這個夢想，要是我沒有那個去埃及旅行的夢想，我是絕不會擁有這些財富的。

尊敬的法官和陪審團的各位女士們、先生們，我想假如這個夢想是屬於你們的，你們一定會認爲這個夢已融入了你們的生命之中，已經與你們的生活、你們的命運緊密相連，密不可分；你們一定會認爲，這個夢想就是你們的無價之寶。」

現在贖回一個三美分就賣掉的夢想，要花三千萬美元。在國人看來也許沒有必要，或者說根本就不值得，這種做法太不切實際了。然而，據《芝加哥電訊報》報導，森迪．史密斯已經上訴到聯邦法院，說不論花多少錢，就是把官司打到曾孫那一代，也要贖回自己幼年時的那個夢想。

美國人爲何重視夢想

美國人如此的看重夢想，對我們是不是也會有一點啓發呢？我們知道樹立目標並堅持目標的人大多順利的「穿過玉米地」，哪怕是去加油站加油也不忘自己的目標，知道自己最想完成的是什麼。美國耶魯大學的一項調查證明，世界上四％銘記目標的人大多在事業和生活上取得了成功，他們所擁有的價值超過了九六％人的總和。而那些沒有目標、不看重目標的人，一輩子都直接或間接地、自覺或不自覺地幫助那些堅持目標的人實現他們的奮鬥心願。

讓我們都擁有自己美好的夢想，珍視自己的夢想，並願意像塞尼一樣，願意爲夢想付出一生的代價。

感悟點滴

關於人生的內涵，在中國的詞典上大多是這樣解釋的：「人生是指人的生存以及後來全部的生活經歷。」但是美國的教科書上表述為：「人生就是為了夢想和興趣而展開的表演。」

詩人雪萊曾說：「我們可以成為我們所夢想的那樣。」但有人認為夢想是無稽的，其實夢想能讓生活變得更有趣，更有意義。有位成功人士說：「你的成就永遠不會超過你的想法。」因此你一定要有夢想，甚至是大夢想。

記住，你的夢想一定要值得用全部的熱情和生命堅守，這將是令人愉快的過程，並最終引領你到達成功的巔峰。頂尖極的人物知道：「對於成功而言，所有的代價是值得的，人們只有向外界和內心兩個方向展開探索，才能使自己更多地擁有有意義的生活和更為豐碩的人生。」

18 幻想，能讓生活改版

一個人的成就永遠不會超過他的夢想，
大夢想產生大成就，
小夢想不能激發人的全部潛能。
但人生也需掌控欲望，
因爲貪欲也會把一個人燒傷。
身處逆境時要激勵自己不氣餒、不沈淪，
平步青雲時要提醒自己不輕慢、多作爲。
誰也不能永遠保持現狀，
世界一直都在變化，
人不努力就會被淘汰，
過去只能代表過去，
未來才是努力的目標。

幻想破滅引發的悲劇

人活在世界上，不能沒有幻想。如果一個人一點夢想也沒有了，心如槁木，萬念俱灰，這個人也就完蛋了，正如古人所言：哀莫大於心死。

奧地利精神病學者維克多．法朗克一家曾被關進納粹集中營。後來獲釋的他發現一個奇怪的現象，就是在歷盡苦難，幸運存活下來並重新獲得自由後，許多人卻陷入了一種毀滅性的痛苦與迷茫中。按理說，他們應該為自己開始走向未來、走向新生活的起點而快快樂樂地生活才對，可這到底是為什麼呢？

原來，這是戰後人世間冷漠和頹廢的現實，給這些人帶來痛苦，讓他們對自己在獄中堅強意志的價值產生了懷疑。在獄中生活時，他們想像著外面的世界應當是充滿著親情、正義和同情的。可出獄後，人們對他們的遭遇是那樣的冷淡，只是說：「我們的日子也不好過」或「我一點也不知道這些事」。更為不幸的是，不少人回到家中，見一切皆非，家人早已不在人世了。

殘酷的現實一下把他們的幻想粉碎了。幻想的破滅正是使這些人產生莫大失望、痛苦與迷茫的根本原因。

可見，幻想破滅是可怕的。早期的太空英雄布茲．阿爾因（Buzz．Aldrin）在成功登上月球之後不久便精神崩潰了。許多觀察家對他的遭遇感到不解，因爲阿爾因在登月之前，無論是事業還是家庭都一帆風順。幾年後，阿爾因在他撰寫的一本書上回答了人們對他的疑問。阿爾因說：「導致我精神崩潰的原因很簡單，因爲我忘了登月之後仍要活下去。」

也就是說，除了登月這件工作之外，阿爾因再沒有別的生活夢想，當回到地球以後，他便覺得自己生活在眞空中，導致精神崩潰。

懂得高處的美麗積極向上

中國北宋著名的大文豪蘇軾在《水調歌頭》一詞中說：「吾欲乘風歸去，惟恐瓊樓玉宇，高處不勝寒。」生活中，不少人一談高處，就有「恐高症」，甚至不寒而慄。其實，我們爲什麼要恐高呢？同時往窗外看，地面上未必美麗，但天空一定有大美。

有這樣一個故事。

有個人一天騎自行車回家，忽然見前面一輛計程車的後窗玻璃裝飾得十分考究，似花還似非花的紋路，讓人的心也跟著蕩漾起來。她快騎幾下，試圖看清那究竟是什麼圖案。嘎——前面一個緊急剎車，她的前輪差點頂住那輛車的尾燈，嚇得她驚叫一聲，同時看清了那勾人眼波的所謂花紋，居然是車窗玻璃映照出的天上雲彩！

這人自嘲地笑著，索性跳下自行車，舉頭望天，全心全意地看起雲來。

好白的雲，好美的雲。就在她的頭頂上，悄然無聲地上演著一幕多麼精彩美妙的劇目啊！

她不禁問道：「爲什麼我的步履總是那麼匆促？我的鞋子上蒙著一層細塵，我的鞋底無緣閱讀潔白美麗的雲朵。這雙眼睛在追逐著什麼？這顆心兒在遺忘著什麼？如果不是藉著一方玻璃的提醒，我是不是就不再記得頭上有一個可供心靈散步的青天？」

坐過飛機的人，尤其是在陰雨連綿或下著滂沱大雨的時候，當飛機從跑道慢慢升空，隨著飛機越飛越高飛到雲霧纏繞的雲層間，你看到的窗外可能是灰濛濛一片濃霧，心底也許會湧上一股莫名的惆悵，一絲淡淡的憂愁。

可是，當飛機越過雲層之上時，突然一道耀眼的陽光從窗外直射進來，頓時「蓬壁」生輝，往外一看，眞是好一片晴空萬里，而那些雲彩，在明媚的陽光照射下，恰似盛開的朵朵白蓮，又彷彿一群群可愛的綿羊和小白兔在嬉戲。人的心情頓時變得格外澄清、寧靜和快樂。

其實，不必乘飛機，也能領略高處無雨。在我家鄉的山區，尤其是夏天，天氣眞是變幻莫測。早上去時還陽光普照，可到了半山腰就可能陰雲密佈，竟下起雨來。不久，我們都被淋濕了。但通常，我們都不會往回走，而往往都是朝山上走著走著，雨在不知不覺中停了，太陽也露出笑臉。這眞是高處無雨呀！

還有這樣一件類似的事：有位電臺女主持人到西藏去感受生活。汽車在高原上爬行，她突然發作了高山症，實在受不了啦，就不想去山頂。同伴鼓勵她：「你要是不去，今生一定會遺憾的。」於是，她堅持著上去了。等見著山頂那潔白無瑕的雪，她驚喜萬分：「這是世界上最美的景色，汽車簡直是行駛在白雲上！」而她的高山症，也不知什麼時候竟好了。

大家都知道醜小鴨的故事，牠本是天鵝蛋孵出來的，大家都討厭牠。牠見藍天上飛著美麗的白天鵝，心中特別羨慕，很想如牠們一樣，也能自由自在地飛翔在藍天上。後來，醜小鴨夢想成眞。其實，命運就是一隻淪落在雞窩裡的天鵝。

人生何嘗不是如此，難免會有失意，遭受挫折。因此，在你正經歷陰雲密佈、大雨傾盆時，應當記住，高處無雨，明媚的陽光就在雲層上頭等你。太陽是永恆的，它只是偶爾被雲層擋住而已；明天是美好的，你只是暫時處在雲的下面。因此，無論你現在如何的不幸，如何的無助，如何的見不到光明，看不到希望的藍天，都要咬緊牙關，打起精神，努力向上。記住，當你超越雲層時，陽光會灑滿你的全身，溫暖你的心靈。

戴爾．卡內基說：「絕大多數人之所以平庸一生，之所以只能在歷史舞臺上扮演無足輕重的次要角色——包括那些懶惰閒散的人、好逸惡勞的人、平庸無奇的人——原因就是他們缺乏美好的夢想與高遠的志向。對於年輕人來說，不管他是多麼貧窮、多麼笨拙，只要他有著積極進取的心態，渴望著接受教育，希冀著完善自己，那他就是大有希望的。」

麻雀也能比鷹飛得高

成功來自於方法。借助工具，能夠將不可能的事變成可能。凡事要善於運用方法和工具。需求——尋找——出現問題——嘗試——善用資源——採取合適的方式——達成目標。再來看這樣一個寓言故事。

一天，衆鳥在爭論誰能飛得最高，最後牠們決定來一次比賽。鷹覺得自己肯定能飛得最高，就用力地往高處飛，直到再無力往上飛爲止。這時候，其他的鳥都已回到地面，只有鷹高高地飛在天上沒有回來，但是牠沒有想到，在牠的背上趴著另一隻小鳥。當鷹已經飛不動的時候，這隻小鳥從牠的背上一躍而起，飛得比鷹還要高。

按照社會學家馬斯洛「需求層次理論」，在現實生活中，每個人都希望自己飛得更高一些，這就得爲實現自我價值而尋找更爲廣闊的舞臺。但是他們到底能飛多高呢？這要藉助下面的那隻鷹，這隻鷹就是思想。有句廣告詞說得好——思想有多遠，你就能走多遠。

感悟點滴

有人說：「人生是一條洶湧澎湃的河流。生，是它的上游；死，是它的下游。」

你必須有向上跋涉的夢。如果無常的命運讓你做了一隻醜小鴨，那你也要拼命地向上游去。命運出錯，你不能錯！因為生命的本質如同一顆漸漸長大的小草，生存和長大是它的迫切需求，在生存與長大的過程中，雖難免會遇到坎險阻，但在風風雨雨中也會看到更多的彩虹，當生命進入黑夜時，也會看到更遠更多的星星。

19 莫把做事當做戲

做戲可以不是眞的，
但做事一定不要自欺欺人。
別把抄襲稱雷同；
別把剽竊叫撞車；
別把虧損稱負效益；
別把滅坡叫滑坡；
別把人名錄稱名人錄；
別把不管不問叫超脫；
別把瀆職叫失誤；
別把失掉原則稱忽略；
別把斂財撈油叫灰色收入；
別把以權謀私叫第二職業；
別把吃吃喝喝稱疏通關係；

別把逢迎拍馬叫緊跟配合。

中國舞臺上有過一副對聯：「是我非我，我看我我也非我；裝誰像誰，誰裝誰誰就像誰。」這是把角色與自我化爲一體的眞實寫照。

對於一個演員，在臺上做戲時應當成爲角色，但下臺後，得依然是我。否則，舞臺上的假醜惡戲當中的非奸即盜之行搬到生活中，就成了非常恐怖和讓人深惡痛絕的事！

做事與做戲是不能混淆的。事強調的是做，戲強調的是演，一字之差結局全然不同。當然，做事也需要演，比如演講，目的是爲了更生動、更有鼓動性，但終究只是給台下喊喊口號，爲人們的行動鋪塊踏腳石，眞正的部分是在台下。

做戲，則不同，最強調臺上功夫，台下十年功，臺上十分鐘，成功就在一瞬間，而且臺上的戲一做完，就大功告成。可是有些人把做事與做戲聯在一起，認爲做事就是做戲。

雜文家邱德焉說：「豆腐渣不是硬東西，但可以砸死人；權力不是印鈔機，但有人可用它變出錢來；良心、人格、尊嚴不是商品，但常被當商品出售。」還有人說得好：「臺上天花亂墜，什麼都敢說，什麼都敢喊，到了台下，全然忘卻，甚至反其道而行之。臺上用賢，台下用親；臺上爲民，台下爲私；臺上法治，台下人治；臺上廉政，台下受賄。」可見，在工作中以做戲的態度做事，定然不會有好的結果。

感悟點滴

不可否認，成功除了要有智慧、耐力、韌性之外，重要的，還要有機巧。不過崇高的機巧成就人，詭詐的機巧毀滅人。靠小聰明，可能得一時之逞，靠小聰明能使你比身邊的某些人做得好一些，靠小聰明能蒙得過那些智商不如你的「笨蛋」。儘管如此，你能蒙得了一個人一輩子，或者蒙得了一夥人一陣子，但是你絕不能蒙得了一群人一輩子。所以說，要小聰明，並不等於智慧。相反的，許多大智者，常常若愚。愛迪生就說，成功是一％的天賦和九九％的汗水。

20 放棄做別人，選擇做自己

古羅馬哲學家馬可・奧勒留說，
不要把生命浪費在思考別人身上。
認識自己比認識別人重要，
專注於你是誰而不是你做了什麼，
因爲你是誰正是你的價值所在。
你的生命是由你來支配，
不要盲目地和別人共用「大腦」。
一個人跟著好人學，
可能會「近朱者赤」；
少年兒童跟著壞人學，
最容易「近墨者黑」。
有才能的人要是隨大流，
那就失去了自我，

慢慢地便會「泯然眾人」。

面對選擇，懂得機會成本

趙處長在機關工作，年薪五萬元左右。眼看經商潮一浪高過一浪，趙某很多過去的同學一畢業就大膽投身商海，先前的同事從商如今也都發了，他心裡很不平衡。縱然婚姻美滿、生活穩定，可他一點也高興不起來。面對這經商熱潮，乃至出國熱，與這「清水衙門」一比較，想著想著，他又有點拿不定主意，便去請教一位朋友。朋友對他說了經濟學上的一個概念——機會成本。

這個概念說起來很簡單，如果我們選擇了一個機會，決定去做一件事，那麼我們就失去了做其他事情的機會，因爲我們的精力和能力是有限的，沒有三頭六臂，也不能像孫悟空有七十二變，無論我們失去的機會價值有多大或多小，它都不可避免地成爲我們選擇的機會成本。機會成本是無形的，也是無法定量的，你最多能分出是魚還是熊掌，但只能取其一，不能全拿。

當今時代，許多人時時刻刻面臨著選擇，這就存在機會成本的問題。而問題的關鍵在於我們自己如何去選擇，如何去計算自己的機會成本。每個人的機會成本是不相同的，並不是人人都可以走相同的道路。這並不意味著你不可以選擇，不可以去追求，只是有時，你要付出比別人更大的代價。而且在選擇的同時，也必須承擔選擇的風險與後果。

秘魯棕熊的啓示——做好自己

說到這裡，朋友爲趙處長講一個從秘魯棕熊看機會成本的故事。

世界上有一種瀕臨絕種的棕熊，生活在秘魯的原始森林裡，牠們身上的花紋很好看。不幸的是，由於氣候變化和人工砍伐，牠們的生存條件愈來愈惡化。這引起了人們的關注，不少人給棕熊保護基金會捐款。

趙某心想，這些棕熊眞是幸福，有這麼多人關心牠們的命運。朋友說，有記者問其中的一個捐款者，爲什麼喜歡動物。他的回答非常有趣：「因爲我們總想知道其他動物是怎樣生活的。」可是生物學家觀察發現，動物並不關心其他動物是怎樣生活的，牠們只是一心一意地過自己的生活。

人也是動物，可是許多人不想做自己，總想成爲別人，像是一些體育人才，一旦獲得奧運冠軍，就退役轉行，向娛樂圈、廣告界衝殺。要名利雙收，不重人性，強調「個性」，總是想超越自己，成爲人上人，成爲縱橫馳騁的駿馬，成爲博擊長空的雄鷹……這也許是人類的優點，但名利思想、功利色彩也許是我們不幸的根源。

二十一世紀的今天，到處都流行著教我們怎樣生活、怎樣管理、怎樣提升自己、怎樣在三十歲之前成爲百萬富翁、怎樣教育子女的書籍，可眞正告訴我們應該如何欣賞自然，如何欣賞自己生活的書並不多。許多人總是走在別人的道路上。

無論如何，我們都應該慶幸自己有選擇的權利和自由。正由於我們的祖先進行了選擇，我們才由原始與蠻荒發展成今天的繁華。但選擇的背後就是機會成本呀！選擇過多，反而迷盲，反而使生活有無盡的煩惱和難題。選擇的另一面，就是我們永遠在失去，同時，選擇也讓我們在不斷地獲得。我們失去的，也許永遠無法補償，但是我們卻得到了別人無法體會的、獨特的人生。

商人經商，一定精於計算成本；爲人處世，你注重機會成本嗎？是是非非、眞眞假假，不知何去何從時，朋友對趙某說：「我選擇成爲自己，而不是那隻秘魯的棕態。」

感悟點滴

易卜生說：「人的第一天職是什麼？答案很簡單，就是做自己。」

有一首詩寫道：「你知道，你愛惜，花兒努力地開；你不知，你厭惡，花兒努力地開。」

是的，花兒總是在努力地開，美好的日子也一天天地在流逝，你該欣喜地度過每一天，還是痛苦地挨過每一日，全在於你自己了。你難過，你傷心，日子一天天地過去；你快活，你歡樂，日子也一天天地過去，你選擇哪一種呢？

21 成功從做好自己開始

善的言行會讓你有天使一樣的美麗，
惡的舉止會讓你有魔鬼一樣的醜陋。
「勿以善小而不爲，勿以惡小而爲之」。
早知道就早成功。
要想獲得他的愛，
自己得先有顆愛心；
要想工作上有業績、被肯定，
自己得盡職盡責；
要想改變別人，
自己得先改變自己。

做一把幫人回家的幸福傘

「三百六十行，行行出狀元。」話是這麼說，可在當今這競爭激烈的社會，成爲狀元並非一件容易事，有時甚至連混口飯吃都難。小吳就是這樣的人，他是一個跑計程車的，因生意實在慘澹，無奈的他只好在車屁股上貼了塊「此車轉讓」的大膏藥，想擺脫目前的窘境。

可一連幾天，竟然無人問津。就在他心涼如秋時，一把雨傘竟成了他命運的轉機。

那是一個夏天的傍晚，一個女人坐上了他的車要去長青路。剛剛走了一半路，天色一下變暗，不一會兒，豆大的雨點「劈啪、劈啪」砸了下來。車到長青路口時，乘客急得不知如何是好。小吳突然想到後車箱裡有把雨傘，便打開車門，冒雨去取傘，儘管他速度很快，只是半分來鐘的工夫，可頭上背上已濕透了。當他把傘遞給那個女人時，她感動得有點結巴了：「不…不…不知該如何謝你，我…怎麼和你聯絡？」小吳隨手遞給她一張名片。

她接過名片，一連說了好幾聲謝謝，便急匆匆地跑進雨中。

到了午夜，小吳拖著疲倦的身子回到家，隨口吃了點東西，就躺在床上，盤算一天的收穫，可扣除油錢，竟然一文錢也沒賺到。要是扣除那把雨傘，自己還貼了一把傘。可一想到是送給那個漂亮的女人，心情反倒好起來了，是她把這個傍晚變得如此美麗！

小吳還沒成家，本能上就容易對年輕而美麗的女子產生幻想。幾天來，他竟然總想女人和傘的故事，甚至把許仙送傘給白娘子的事也聯繫起來了。

就在小吳還陷入幻想時，雨傘回家了。可惜他忙碌在外，沒有見著她。看著熟悉的傘，他眞想馬上見到她，於是就常把車開到長青路，在那裡來回張望，等她再招自己的車。終於，她打電話，要叫他的車。

那個女人經常乘他的車，他們也因此熟悉起來。終於有一天，那女人要包他的車去郊遊，他不由得喜出望外，還在家精心打扮一番。等見到她時，小吳驚呆了。她和一個男人帶著一個可愛的小男孩，耳邊響起了她的話語：「這位吳先生就是送我雨傘的那位司機。」然後，她又對小吳介紹說：「這是我老公，這是我兒子。大家相互認識一下吧！」

那個男人伸出友好的手，說：「眞是謝謝你！」

當下，小吳是多麼的失落，自己一心編織的美夢就這樣被打碎。直到把車開到郊外，他才回過神來。

那天是她兒子的生日，小吳成了他們的攝影師，把他們一家的歡樂留在照片的方寸之間。中午共進野餐時，她說：「我們全家要送你一件禮物。」說著，她親自到計程車的後車箱取出一個長條紙箱，當著他打開了。這是一把十分精美的雨傘，上面寫著這樣一句話——一把幫人回家的幸福傘。小吳還在納悶時，她說：「這是我們全家的心意，傘會幫人幸福的，我們祝你前程美好！」

好多年過去了，小吳的車上已備了很多把傘，而且這麼多傘都是回頭客送的。你可以想像，他的生意有多好，而他也深深慶幸自己的那一善舉，是那樣一次無意的善行改變了自己。其實，改變命運，常常是從改變自己的態度開始。

首先，把自己的心靈洗乾淨

一個不經意的善舉，改變了小吳的命運。但就在他的行車生涯中，曾有過讓人頭疼的事，就是有些乘客不愛惜計程車的環境，有時車內簡直成了垃圾堆，地板上淨是煙蒂、糖果的包裝紙、可樂瓶，座位或車門把上甚至有口香糖之類的東西。而身爲一名計程車司機，應當爲每位乘客提供一個舒適美好的環境才對呀！

怎麼辦呢？他突然想起看過的一個故事：一家飯店的管理員，在洗手間放了一盆花，結果解決了客人隨意弄髒洗手間的問題。確實，一個人在菜市場會隨便亂扔東西，但是到了一家五星級賓館，舉止似乎也會變得文明起來。如果我們的城市也多種些花草樹木，把它裝扮得更漂亮，一定會有更多人主動把垃圾扔進垃圾箱。做人又何嘗不是如此，與其改變別人，不如先改變自己，一味地要求他人，不如多多自我反省，當一個人不再將眼睛總盯著別人，而回歸自己的心靈世界，首先將塵埃打掃乾淨，就會發現不僅自己快樂了，別人也會跟著快樂。

想到此，小吳於是給這輛計程車的地板鋪了羊毛地毯，地毯邊綴著鮮豔的花邊，門板上鑲著名畫的複製品，車窗一塵不染。客人吃驚地對他說：「我從來沒搭過這樣乾淨、舒適的計程車。」

「多謝你的誇獎。」小吳微笑著回答。

「你怎麼想到裝飾你的車呢？」乘客又問。

「這不是我的車，車是公司的。」

這位乘客先是一怔，隨後馬上掏出名片，遞給他說：「我是某公司的總經理，如果先生不介意的話，我願意結識你這樣的朋友。」

把最好的感覺送給顧客

就這樣，小吳的名氣傳開了。我也很想乘他的車。一次回老家，我特意打了他的手機。剛出火車站，一輛計程車停了下來，一看車號就知道是他。此時，他微笑著幫我開門，等我坐好以後，又爲我關上門。這時他才坐進駕駛座，對我說座位旁那些折得整整齊齊的晚報，可以拿起來隨意看。接下來，他又拿出好多音樂帶，問我喜歡聽哪張專輯。

我覺得他的服務做得很溫馨。他高興地說：「我過去在一家外商公司工作，可我覺得不管怎麼努力，結果仍不夠好，不夠盡性，也不怎麼受重視。我決定尋找自己生命的重心，讓我能以自己最佳的表現爲榮。我知道我當不了科學家、作家、歌唱家，但我喜歡開車，於是轉行當了一名專業計程車司機。當然，我也曾經遇到過挫折，當初心裡很氣餒。幸運的是，我後來明白了該怎麼做。而且我敢斷定，要在事業上有所成就，我只需符合顧客的期望；但是，要在事業上登峰造極，就必須超越顧客的期待！我喜歡『登峰造極』的感覺，而不只是『普普通通』。一個人應當把這種最佳感覺送給別人。」

感悟點滴

馬克．吐溫曾在個人傳記中寫下這樣一段話：「我十四歲的時候，覺得父親愚蠢無知，和他在一起，簡直讓人受不了。不過，到了二十一歲的時候，我發現這七年來，父親大有進步，不由得非常驚訝。」

其實，馬克．吐溫的父親仍是原來的樣子，酗酒，粗暴……因此，這不是父親進步了，而是時間改變了馬克．吐溫的心靈素質，在一切美好沒有來臨之前，心靈首先美好起來了；在別人還在隨隨便便時，自己首先反省了起來。

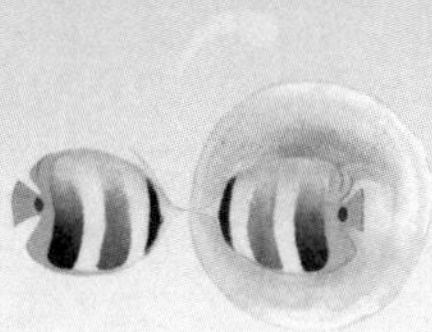

22 老作家的精神

成功並非屬於最優秀的人，
強者之所以強，
就是用了你錯過的那一個機會。
當一個人看到機會時，
他就不會被困難嚇倒。
果斷地抓住機會表現自我，
可能會使你身價倍增；
因猶豫不決而錯失良機，
會讓你遭受巨大損失，
生命的價值取決於瞬間的決斷力。

中國人對孩子最常講的詞是「不要」——「不要爬高」、「不要點火」、「不要玩水」、「不要動這動那，太危險」。而美國家長對孩子最喜歡講的話是——「try it!」、 「do it!」（去試，去做！）他們要求孩子勇於嘗試，勇於動手。這是值得深思的。

立即去「try it」、「do it」的老作家

當今社會，值得把握的機會不可估量，但是能做到穩健推進的人並不多，一大原因就是猶豫不決，不能去「try it！」、「do it！」。放膽一搏，會被視爲匹夫之勇。但在「快魚吃慢魚」的今天，耽誤的代價比不敢做的代價更高。放膽前行，是會有錯，但錯了，還有改正的機會，還有保證下次不犯同樣錯誤的收穫。一味的遲疑，拖延，等待，白髮歲月會穿過你的黑髮時代。

大陸作家王蒙在剛剛過完十九歲生日時，決定寫一部長篇小說《青春萬歲》，他覺得那是一個大膽的嘗試、一個決定今後一生方向的壯舉，當然也是一個冒險，甚至是一個狂妄之舉。因爲所有的忠告都說初學寫作應該從百字或千字小文做起。

但是他就愛自己的這個決定，非常滿意他的這個決定。其實，王蒙從小就敢於決定自己的命運。十四歲還差五天，他就唱著兒歌加入地下共產黨。而在一九六三年秋，他與妻子用了不到五分鐘就商量好，舉家西遷去新疆。

敢想敢做，文盲成長爲作家

是啊，勇者無畏，勇者無疆，「民不畏死，耐何以死懼之」。膽怯的人，與其說是一次一次地逃避困難，還不如說是一回回地趕走成功。勇敢地去做事，執著地去奮鬥，你就能獲得成功。

高玉寶，是大陸知名作家。《半夜雞叫》、《我要讀書》等膾炙人口的作品，曾打動了一代又一代人的心弦。但當今的新一代對高玉寶原汁原味的成長經歷並不熟悉。

解放前，高玉寶僅上過一個月的學。可以說，他是一個文盲。然而，一個文盲竟寫出轟動世界文壇的自傳體小說《高玉寶》。這難道不是一個奇蹟？另一位大陸作家海岩，所受的教育也不高，他甚至在自己的履歷上說，他最自卑的就是受教育程度低。但高玉寶與海岩用閱歷書寫了令人豔羨的人生。當今時代，還有幾位作家所受的教育程度會比高玉寶還低？他爲什麼能成功呢？

小時候的高玉寶受過舊社會的苦，也受過中國民間文學的薰陶。九歲時，小玉寶隨父母逃難到大連當童工，每天上午他出去撿垃圾、討飯……下午，便鑽進大糞廠的工棚裡，聽老先生說書。一開始，他只是躲在門口聽，收錢時就溜走，待錢收完後，又轉回來聽。一天，他見許多給得起錢的也白聽，便自告奮勇，堵在門口替老先生收錢。就這樣，他整整堅持了六年。像《隋唐演義》、《三國演義》、《七俠五義》、《水滸傳》等等，他都記得滾瓜爛熟，甚至自己還能講。

後來，高玉寶參軍了，戰士們都喜歡聽他講故事，部隊展開訴苦運動，高玉寶講自己受苦的故事，講出了名，被派到各個連隊作巡迴報告。這些故事成了他後來的小說《高玉寶》的創作題材。

就在平津戰役後，高玉寶萌生了把自己的親身遭遇寫出來的念頭。然而，高玉寶交入黨申請書時只「寫」了「我從心眼裡要入黨」這八個字。尤其是在這八個字中，他只會寫一個「我」字，剩下的全都是用畫圖來代替：「從」字就畫一隻毛毛蟲，「心」就畫一顆人心……，高玉寶就是有著一般人沒有的鍥而不捨的精神，在南下作戰的空餘時間，高玉寶用了將近一年半的時間，像當年畫入黨申請書一樣，畫出了二十多萬字的《高玉寶》一書，此書手稿，後來被中國人民革命軍事博物館收藏。這本書在一九五五年正式出版。

當機立斷，「小戰士」與毛主席碰杯

一九五一年，《高玉寶》開始在《解放軍文藝》上連載，毛主席每篇都看，他聽說這是一位小戰士自己寫的，非常高興。

高玉寶一生中被毛主席接見過二十三次，而他最難忘的是一九五二年那一次。當天下午，總政文化部副主任肖華將軍帶著一張大紅請帖來找高玉寶，「小高，毛主席請你參加今晚的宴會！」

宴會於晚上七點正式開始，周總理講完話後，便代表毛主席到各個桌上敬酒。就在宴會進行之中，肖華將軍的秘書請高玉寶去休息室。

原來，肖華將軍和其他三人已經在那裡等候。「你們四人，分別代表陸海空三軍和志願軍，待會兒，我領你們去給毛主席敬酒！」肖華將軍說完，見四人都激動不已，便擺擺手說，「咱們先宣佈一條紀律，毛主席和中央首領都非常忙，時間有限，咱們不能一一去碰杯，我代表你們去碰一下，你們把酒杯舉一舉走過去就行了。」

出席當晚宴會的人很多，都是來自全國各條戰線的代表，輪到高玉寶等人上臺敬酒時，已經到了晚上九點半，他們五人還是最後一批，而高玉寶又排在最後，等他舉杯走到毛主席跟前時，毛主席的秘書介紹說：「這位小戰士就是寫《半夜雞叫》的高玉寶。」

「噢，你就是高玉寶？」毛主席慈祥地笑了，舉起酒杯向高玉寶伸來。

高玉寶慌了神，是碰還是不碰？他急忙把目光投向肖華將軍，可肖華等四人已經走遠了，高玉寶當機立斷，先碰杯，再檢討！就在他壯膽與毛主席碰杯之後，劉少奇、朱德、周恩來等幾乎所有的中央領導人，都一一和高玉寶碰起杯來。高玉寶萬分激動，淚水已模糊了他的雙眼。

猶豫不決，躊躇不前的心理，其實是對自己的背叛。如果總是害怕，提不起勇氣，那你怎麼把握一生的幸福。生命內有一股催開燦爛鮮花的神奇力量，這股力量源於對自身使命的覺悟。沒有誰能左右你的成功，沒有誰能阻礙你實現生命價值，如果硬要說有的話，那就是你自己。

感悟點滴

成功的人需要具備三個素質：有肚量去容忍那些不能改變的事，有勇氣去改變那些可能改變的事，有智慧去區別上述兩類事。

你應當抓住機遇，不及時成功就是失敗。我們以前常說人才不怕埋沒，遲早會被發掘出來。但是今天這句話或許不對了！在這個充滿競爭的時代，你不但要成功，而且要及時成功，否則就是失敗。你可能就像一本內容無比充實的書，由於出版商少了炒作、宣傳和市場策略，而被埋沒，內容無比深刻的精品卻落得賣不掉的命運。

23 你努力過了嗎？

成功等於能力加努力加運氣，
能力是努力學來的，
運氣屬於善抓機遇的人。
不是自己命太苦，
而是自己努力還不夠。
成功更是每天多努力一點點，
終點就在前，
只要你再朝前一點；
熱水還沒開，
只要你再提升一度。

你知道約翰．H．約翰森嗎？他可是聞名世界的美國《黑人文摘》雜誌創始人、約翰森出版公司總裁，而且還擁有三家無線電臺。

說起約翰森的成功經歷，還得從他年幼時講起。

幼年家貧如洗，母親為兒打工

一九二七年，美國阿肯色州的密西西比河大堤被洪水衝垮，不幸的是他家也被洪水衝毀，當時，他只是一個九歲小男孩，是母親在洪水即將吞噬他的前一刻，用力把他拉出了洪水的魔爪。

他十四歲時八年級畢業，由於該州的中學不收黑人，他只能到芝加哥上學，可家裡一貧如洗，沒辦法，母親狠下決心讓他再重讀一年。她當時二話不說，開始給五十多名工人洗髒衣服，為孩子攢學費。

一九三三年夏天，她終於湊足了這筆得之不易的血汗錢，領著兒子坐火車來到了芝加哥。接著，她又在這裡當傭人。

學業有成辦雜誌，認眞拼搏渡難關

約翰森也沒辜負母親的一片苦心，以優異的成績為中學畫下圓滿的句號，然後又順利地念完大學。

一九四二年，他開始創辦一份雜誌，但五百美元的郵費成了他最難過的一關，不能給訂戶發函，就等於功虧一簣。好不容易找到一家能提供他貸款的公司，可必須有財產抵押才行。母親只得忍痛割愛，把用了好長時間才存錢買的新家俱做抵押。

眞是苦盡甘來，一九四三年，這份雜誌獲得莫大成功。他終於圓了自己多年的夢，說母親再也不用上班了，說完，母子倆抱頭痛哭。

可是天有不測風雲。他的事業再次陷入低潮，一切都要完蛋了。面對重大難關，他苦澀地對母親說：「看來，我這回恐怕要失敗了。」

母親顯得很平靜，輕輕地問道：「兒子，你努力過了嗎？」

「努力過了。」

「非常努力嗎？」

「是的。」

「很好。無論何時，只要你眞的努力嘗試過，就不會失敗。」

後來果然被母親言中，他渡過了重重困難，最終迎接事業的輝煌。

約翰森的經歷告訴我們，命運全在最後一搏，奮鬥就有希望，堅持就是勝利。如果放棄努力，必然失敗。

由約翰森的經歷想到「多加一盎司定律」

著名投資專家約翰．坦普爾頓透過大量觀察研究，得出了一個重要的發現——多加一盎司定律。約翰說，盎司是英美制重量單位，一盎司只相當於十六分之一磅。但是，就是這微不足道的一點區別，會讓你的工作大不一樣。盡職盡責完成自己工作的人，最多只能是稱職的員工。如果在自己的工作中再「多加一盎司」，你就可能成爲優秀的員工。

約翰指出，取得中等成就的人與取得突出成就的人幾乎做了同樣多的工作，他們所做出的努力差別很小——只是這「一盎司」，但結果往往是天壤之別。

加上那一盎司，就是成功的秘密。多一盎司的結果會使你發揮最大的潛力。約翰發現了這個秘密，並把它運用到他的學習、工作和生活中，因而開創出一片天。

約翰把這一定律也運用於他在耶魯的經歷，決心使自己的作業不是九五％，而是九九％的正確。結果他在大學三年級就進入美國大學生聯誼會，而且被選爲耶魯分會的主席，並獲得了羅茲獎學金。

在職業生涯中，「多加一盎司」會使所有的工作都產生好的效果。多加一盎司，你的人氣就會高漲，而你與同伴的合作就會取得非同尋常的業績。

「多加一盎司」其實並不難，我們已經付出了九十九％的努力，已經完成了絕大部分的工作，再多增加「一盎司」又有什麼困難呢？偏偏我們缺少的正是「多一盎司」所需要的那一點點責任、一點點決心、一點點敬業的態度和自動自發的精神，導致我們大到對工作的態度，小至對自己正在接聽的電話、正在塡寫的表格都沒做好。

「多一盎司定律」其實是使一個人走向成功的普遍定律。

一個人假使不能在工作上盡心竭力，那他決不能很好地造就自己。不論做任何事，必須竭盡全力。這種精神的有無，可以決定一個人日後事業上的成功或失敗。

我們應該在心中立下這樣的信念和決心：我必須對工作不顧一切，盡自己最大努力，如果對工作不忠實，不盡力，那將貶損自己，糟蹋自己。

明白這一點，你也掌握了「多加一盎司」的秘密，好好運用吧！

從今以後，無論你遇到怎樣的挫折和困難，無論感到怎樣的絕望，都應該問問自己：「我已經竭盡全力了嗎？或許我還有一盎司可加？」經常這樣問問自己，將使你一生受益。

感悟點滴

雖然一個人的能力有大有小，水準有高有低，並沒有一個衡標準，但你仍應當事事盡心盡力，切不可投機取巧、偷懶耍滑。也不要一遇到一點困難就絕望，把挫折和被拒絕歸咎於客觀原因，從而懈怠，殊不知情況在變，好運即來，可惜你又錯過了！

我們面對種種問題，在不斷抱怨的同時，往往不由自主地選擇了逃避，事後一回首，卻發現事情並沒有想像的那麼困難，只是我們被困難嚇倒，失去信心而已！這時，如果有人大喊一聲：「你努力過了嗎？」真的會引來靈魂的陣陣不安！

24 人最重要的素質是努力進取

要學會化消極爲積極，
要能夠變不可能爲可能，
要隨自己存在方式的變化改變自己，
要不斷地自我選擇與自我造就。
平庸的人容易滿足，
總是甘於平庸地工作；
優秀的人樂於尋找不足之處，
總是對工作精益求精。
只有對工作多加一盎司，
才能從一個輝煌走向另一個輝煌。

總統套房在常人眼中充滿著神秘感。小文是一位有幸走進神秘總統套房的人。她大學學的是企業管理，畢業後成爲一家著名五星級酒店的服務員。

小小一杯，難倒一名大學生

經過近一個月的培訓，她被分到酒店餐飲部所屬的一個咖啡廳做服務生，負責煮咖啡。小文以爲煮咖啡小事一樁，不料當她報到時，餐飲部主管問起咖啡的歷史，小文滿臉羞愧。主管見狀，又問是否會煮咖啡，她自豪地回答：「我沖過即溶咖啡！」聞聽此言，主管一臉驚疑，幸虧她反應快，急忙說自己學習能力強，會很快學會煮咖啡……主管最終被她誠懇的態度打動，決定讓她試試再說。

正式上班後，小文才清楚咖啡的學問實在太多，人們都要現煮的，可是現煮並不簡單，有一套嚴格的工序，出點兒差錯便前功盡棄。炒咖啡豆最不好掌握，這是因爲全程都要人工控制，烘焙時得按照咖啡豆的品種和各自的特性，精密地控制火候、時間和溫度等諸多因素，要麼深炒，要麼淺炒，才能使每顆咖啡豆達到高標準，煮出香濃純正的咖啡。

小文對此一竅不通，好在肯努力，自己花錢買了咖啡豆、香檳等原料私下調製，花了一段時間才學到眞功夫。

進總統套房工作，首先得過細心、謹愼關

由於她的努力和出色的工作表現，被老總調到了衆多服務員嚮往的總統套房。進入總統套房工作，首先要求細心、謹慎。因爲套房的面積太大，而且每一處——哪怕是最不被人注意的角落也要做到纖塵不染。不僅如此，由於套房裡的陳設太昂貴，需萬分小心。

套房中的各種傢俱和飾物也都十分昂貴，且不說娛樂室那套價值二百萬元以上，由丹麥公司「量身訂制」的家庭劇院；僅一部德國蔡斯的大口徑長焦鏡頭相機就能換半輛賓士轎車。

領班說，有一位中東商人醉酒，用煙頭把腳下的義大利名貴地毯烙了個小洞，爲此，他付出了幾萬塊錢；一位英國人入住總統套房，洗澡時不小心把浴缸邊上的一根鍍金雕花方柱給碰掉了，結果前後賠償了三十六萬元。

儘管小心翼翼，小文還是不小心打碎了一個從義大利進口的琉璃杯，結果賠了近二萬元。

最大的考驗是與人打交道

除了小心謹慎外，對服務員來說，最大的考驗是要學會和入住總統套房的各種人打交道。由於住總統套房並非眞的都是各國總統，只要你有足夠的鈔票，照樣都能過「總統癮」。這樣一來，入住的客人就多種多樣了，而讓客人滿意，就成了服務員的首要任務。

有一位女士，她的消費實力在圈子裡是出了名的，而她的刁鑽潑辣也毫不遜色。一天，這位女士如期來到酒店，住進了總統套房。小文按慣例在給她送完日用品、果品拼盤和晚餐後，便準備退出去。沒想到，她卻用女皇般的口氣命令說：「服務員，給我在浴缸裡放滿水。妳難道不知道我有先沐浴的習慣嗎？」

小文連聲「對不起」，然後將浴缸放滿水，並調好水溫，這才退了出去。可不一會兒，總統套房的呼叫燈亮了，小文連忙跑過去，還沒弄清是怎麼回事，就被披著浴袍的「女皇」喝斥道：「這麼高的水溫，想燙死我呀！」

小文不敢吭聲，趕忙過去試了試水溫，覺得並不燙手，便知道這位女士是有意刁難她。但按照總統套房的規定，遇到這種情況，服務員不能作出任何反駁，只有無條件地服從。小文很抱歉地說：「對不起，我剛到總統套房上班，不太瞭解您的習慣，不周之處，敬請原諒。」女皇的臉色這才緩和了一點……結果那天晚上，小文幾乎是亦步亦趨地跟著「女皇」跑進跑出，雖然很累，但總算沒出什麼大亂子。

當然，總統套房入住的若是一些涵養較高的政界人物和商界名流，情況要好得多。總之，對於總統套房的工作人員來說，與客戶打交道時，既要爲其提供高品質的服務，也要保持不卑不亢的態度。

做萬能金鑰匙，不得說「sorry」，只可說「ＯＫ」

總統套房無疑是一家飯店的「門面」和實力象徵。因此，飯店對於在總統套房的服務人員素質要求特別高，不僅要年輕貌美、懂多國語言，還要有很強的辦事能力。

在客人心目中，總統套房的服務小姐就應該是一把萬能金鑰匙，她們是無所不知的，能滿足客人的一切要求。從修鞋到訂演唱會門票，從預約牙醫到提供旅遊線路，從訂宴會到訂車，都要一次到位。你永遠也不可以說 sorry，你得說ＯＫ！

爲了達到這些要求，小文平時下班後還要不斷地學習，積累各方面的知識。爲了擴大自己的知識面，她分門別類地做了許多資料卡片，然後用心記憶，給客人滿意的答覆。要是遇到難題，服務員必須動用各種辦法和關係，把事情辦好。

一次，有一位入住總統套房的美國客人從機場拿錯了一件行李。他把行李交給小文說：「麻煩妳把它交還給它的主人吧！」可這件行李上什麼標誌都沒有，她只得找個證人一起把箱子打開，裡面是滿滿一箱子嬰兒用的奶瓶奶粉，還附著一張日程表，是用芬蘭語寫的。可小文找遍了整個飯店也沒找到一個懂芬蘭語的人。

這時，她突然想起有家芬蘭航空公司，於是迅速跟他們取得聯繫，把這張日程表傳真過去。對方很快回覆說，這是芬蘭一個旅行團遺留下的，這個團每次都住某飯店。她又打電話到這家飯店，得知確實有個芬蘭團住在那裡。於是，她趕緊叫行李員把行李送了過去。這件棘手的事，就這樣讓她解決了。

豪華的總統套房，不許服務員浪漫

由於總統套房的服務小姐個個都是千挑萬選，而入住這裡的男士們，也都堪稱人中精英，其間經常會有浪漫故事發生。但飯店對這種事有鐵的紀律，不許服務員與客人談戀愛。可是要委婉而禮貌地拒絕客人，並不是一件容易的事。

有一回，一位擁有一家大莊園的英國男子邁克注意到美麗大方的小文。回國後不久，他竟給她發了電子郵件，並大膽表白說：「美麗的小文小姐，我對您十分仰慕。我想對您說，這座巨大莊園有著世界上最純淨的天空、最清澈的河流和最善良的農夫，只是它缺少一位像您這樣端莊美麗的女主人……」

小文回了一封禮貌得體的拒絕信：「邁克先生，您是唯一符合我田園夢想的朋友。但您也知道的，我深深愛著我的家鄉。請把您的愛獻給那片莊園吧！我願意與您一同，深深地愛著那片田野，那片天空……」

當然，在這些客人中，也不乏無聊和素質低下的人，對付這些人的難度就更大了。

在總統套房裡工作的這幾年，小文學到了很多東西。但她覺得自己同國外的「金鑰匙」相比，還存在很大差距。她發誓今後要更加努力工作，爭取多學習一些國外酒店的管理方法和服務經驗，使自己的工作能力再上新的里程。

感悟點滴

打保齡球十分與九分差多少？其實不止一分。如果你打球時都滿足於九分，那你一局最多是九十分，如果每個球你都力爭打十分，那一局能打三百分。

前中國男足主教練米盧說：「人生和球場都是舞臺，需要你演出時，就應該盡全力。」著名的公共發言人比爾．克萊納說：「在追求勝利時，你建立了一種技能，你學到了勝利取決於意志。你從來不能靠贏了多少來長大，你只能靠投入了多少來長大。」

25 笨小孩，你能趕上來

總是否定自己，
瞧不起自己，
就會喪失信心；
總疑春色在人家，
不懂經營自己的長處，
就會苦悶無比；
拿自己的短處跟別人相比，
越比越不是滋味。
不要擔心別人怎麼看你，
因爲他們並沒有在掂量你，
而是在揣磨你怎麼看他們。

二十一世紀的笨小孩要勇敢面對

劉德華演唱的《笨小孩》這首歌，講述了一個出生在二十世紀六〇年代農村孩子的故事。這個小孩在七〇年代到城市謀生，發現自己的生活方式與城裡人的生活節奏完全不合拍，於是八〇年代尋求改變自己。正當他匆匆忙忙、慌慌張張努力去適應城市生活時，卻突然發現自己已過而立之年。然而，他還是比人家慢一拍，這時擁有全新觀念的新一代年輕人已長大成人，但他依然沒有自己的專長。這個讓人同情的笨小孩，最後感歎自己的貧窮，自己的一切不順，都是由於「慢人家一拍」，使得他總是處於落後狀態。

像「笨小孩」這樣的人為數不少。舉個例子來說，剛畢業的學生就業時，面對新環境，總有無門可入的感覺，在他面前展開的是一幅灰濛濛的職場畫卷：上司的苛刻，同事的冷漠，都市的競爭壓力，像薛西弗斯（sisyphus，古希臘神話中的人物）——每天都得把一塊巨石推到山頂，日復一日，枯燥乏味；甚至有不少人，像寓言故事「烏鴉搬家」講的一樣，認為周圍的人不喜歡自己的「聲音」，換個新環境就可以解決，而到頭來，還是類似「笨小孩」的結局。

一個人經歷一點風雨，並非壞事，陽光總在風雨後嘛！但對「笨小孩」而言，關鍵是要找到合適的方法趕上去，否則再怎麼拼搏，人生總是煙雨濛濛，那就是一件很悲壯的事情了。

分析當今「笨小孩」之所以會慢一拍的原因，可以概括爲客觀與主觀因素。

客觀原因就是「結構性矛盾」。資方有大量用人需求，勞方也有大量需要工作的畢業生，但兩者就是難於匹配，通俗地說：「該來的沒人來，不該來的卻來了一大堆。」

主觀原因則比較複雜，也許你智商太低，也有可能是EQ太差；還有可能是EQ與IQ都有問題，總之，你總比別人慢一拍，差一截。

不管是出自何種原因，身爲「笨小孩」，你沒有必要畏懼人生的風雨，你應該勇敢地面對，用積極的心態去看世界，就如看風景，有什麼樣的心態，就會有什麼樣的生活。失聰盲人海倫最終不也看到了世界的美麗和精彩，實現了自己的人生價值，成爲教育家。

笨小孩，你全「命」以赴了嗎？

中國有很多俗語，「笨鳥先飛早入林」、「早起的鳥兒有蟲吃」、「世上無難事，只怕有心人」，都在強調勤奮的重要性，就是所謂「天道酬勤」。

在日本，大部分上班族都是非常敬業的。日本的石橋輪胎公司曾裁過一名員工，他竟以自殺來表明對公司的熱愛。日本電視播放提神飲料的廣告詞是：「企業戰士諸君，閣下能奮戰二十四小時嗎？」

上班時間從九點到六點，那麼八點五十九分到公司，算不算遲到？對絕大多人而言，九點前到達，當然不算遲到，可對日本企業的員工，即使提前五分鐘到達，已經算遲到了，屬於「敬業精神」的遲到。日本的員工在九點鐘上班之前，已經讀完當天的專業報紙，當天要做的工作已大致安排妥當，而相關的辦公資料、文具等，早已備好。他們的頭腦是以最新的資訊來展開這一天的工作。試想，提前五分鐘能做好這一切嗎？

有位教授對畢業生說：「初進公司，前一年所領的薪水，絕大部分是托前輩打拼之福所累積的成果，要感謝前輩的積累，自己才得以有這份工作機會，甚至還可以領薪水。」在日本，愈是笨小孩，或者菜鳥，愈早到公司。通常早到一小時左右，都是正常的。畢竟自己什麼都不懂，什麼都不會，趁同事還沒上班之前，抓住時間，多看一些相關資料，多設法練習機器操作，多複習一下昨天的工作……

近年來，常聽人們說「畢業等於失業」，其實事情並不是這樣。

如果眞的想工作，應該事先好好研究目標公司，而非漫無目的四處任意投遞履歷。糊塗的求職者，甚至在接到面試的電話通知時，還想不起到底是哪一家公司？如此荒唐，找不到工作是自然的。經過事先的詳細調查，認爲找到自己眞正想做的工作時，如果願意開口：「前三個月試用期間，不用薪水，我努力做，公司再看看，三個月後如果覺得可以，薪水隨意。」像這樣，怎麼會找不到工作？！如此拼命做三個月，每日早到晚走，用心工作，怎麼會找不到工作？

竭盡全力，上班時跟著做，下班後自己偷著做。早到晚退，如果自己眞的是如此的優良員工，認眞工作三個月，屆時可能就不是「人求事」，而是「事求人」了。

日本明光商會創始人高木禮二社長說得好：「全『命』以赴的話，不可能就會成爲可能。」是的，全「命」以赴的話，自然就會有工作。

身爲「笨小孩」的你，萬一還是勝任不了這份工作，被炒魷魚了，你要實事求是地估量自己，從而彌補自己的不足。失敗也是一種成長，而不是眼高手低，一味地追求好工作。同時，你還應有「騎驢找馬」的打算，先就業後擇業。如此，自然能找到更棒的「馬」。

有一種樹脂，本來很卑微，時間看上了它，給了它一個非常機運，滴到了一隻醜醜的蒼蠅身上，幾十萬年以後，它改稱琥珀，有了連城身價。有一顆種子，醜陋，細小，烈日曬了它幾個月，洪水沖走它埋在陰溝裡幾個月，焦皮爛骨了，又被狂風颳進懸崖石縫，只有一星塵埃體恤著它，但就這星點兒塵埃，它也未忘記發芽；接著，根鬚顫巍巍地抱住岩石，支撐著一個無畏的軀體，立在那裡一百年、兩百年；後來，它成了名松，有了名字，上了畫冊，成爲著名風景。

懂「老二」哲學，確立自己的品牌

臺灣企業的經營管理概念中，有一種「老二」哲學的說法，假如你不是老大，那你應當努力緊跟在排名第一的後面做老二，瞄準機會，跳到「巨人」的肩膀上，衝刺第一。對個人而言，笨小孩不要害怕與強者打交道。其實最成功的人都是很平易近人的，經常與強者在一起，就能學到成功的法則與成功者的特質；跟冠軍在一起，你有一天也會成長爲冠軍；與普通人在一起，容易被同化。如果在你的交際圈中，你是最成功的一個，那你就不會更成功了。這就是「老二」哲學的眞諦。

「老二」哲學只是一個開端，眞正想成就個人事業，並永保事業長青，必須確立「自己的品牌」，通俗地說，就是要正確認識自己，發掘優勢，懂得把精力集中在「揚長」上，而不是補短。

有個年輕人，癡迷於寫作，每天筆耕不輟，用鋼筆把稿件謄寫得清清楚楚，寄給各家雜誌報刊。可結果不是泥牛入海，就是只收到一紙不予刊用的通知。他滿腹苦惱，痛定思痛，決定拿著稿子去請教一位他仰慕已久的作家。作家看了他的稿子，只說了一句話：「你爲什麼不去練習書法呢？」這時，他才明白了自己的優勢所在。這位年輕人又冷靜下來觀察，在社會上佔有一席之地的人，無不擁有一個自己熟知的領域，具有鮮明的個性，就像一名眞正優秀的水手，從不在自己不熟悉的領域駛船。在懂得自己的特長和優勢所在之後，他開始潛心鑽研。幾年以後，他憑著自己出衆的硬筆書法作品樹立了自己的品牌。

一粒種子的方向是衝出土壤，尋找美麗的陽光；一條根的方向是伸向土層，汲取更多的水分。人生又何嘗不是如此。一個人進入社會以後，最要緊的是趕快確立自己的方向和位置，把自己的特點展示出來，做出自己的品牌，才能使自己踏入成功之門，而錯誤的方向和位置，會讓自己誤入歧途，甚至遺恨一生。

不斷地投資自我

被譽為「投資奇士」的吉姆．羅傑斯是金融大亨索羅斯最為出色的搭檔。後來，羅傑斯總結自己多年的投資經驗，教誨學生：一生中毫無風險的投資事業只有一種，即「投資自我」。這到底是為什麼呢？

統計資料證實，在當今發達的資訊時代，一個人離開學校三、五年後，在學校所學的知識就幾乎完全過時。換言之，一個人自離開校門那天起，所擁有的學歷價值就開始貶值。近來，在中國教育界引發震撼的《中國新教育風暴》作者認為，中國歷來教育有一大錯誤，就是讓學生花大量時間學習很多已沒有實用價值的「死亡知識」。

由此可見，要在激烈的競爭中保持自己不貶值，補充知識是很有必要的，而最好的辦法就是要懂「蓄能更新」，隨時更新自己的知識儲備。需要「投資自我」的更多方面，除更新知識外，還有「人脈」的提升；除了個人的核心技能外，還要「一專多能」，甚至培養自己的第二專長。尤其是對於想創業的人來說，成為「複合型人才」，掌握全方位知識技能，就是一種必要了。此外，向別人學習，和有經驗的人分享相關工作經驗，也有利於開闊自己的視野，提升能力。

總之，與優秀的人，甚至是一般的人相比，笨小孩的路不免曲折難行，但只要勤於思，敏於行，施於愛，笨小孩就能在某個峰回路轉處跟上去，大步前進，甚至後來居上，成為第一。

笨小孩，明天會更美！

感悟點滴

拿破崙說：「如果你是弱者，你是你最大的敵人；如果你是勇者，你是你最佳的朋友。」羅斯福夫人說：「低人一等的感覺源自內心而非他人。」

榮獲諾貝爾文學獎的以撒・辛格說：「如果你總是說事情會變糟，那結果往往如你所言。」

因此，笨小孩千萬別自卑，只要記住下面三點，你就能走上成功之路。

1.每個人都有自己的強項。比如說，有人會寫，有人會算；對有些人難的，對另一些人簡直容易得如「小菜一碟」。總之，你一定要做最適合自己的事情，不要迎合別人的口味去做一件不屬於自我，又要付出很多時間，乃至一生代價的「難事」。

2.經得起別人的打擊。如果有一個考題，別人只花十五分鐘，而你必須用二個小時完成的時候，別經不起別人的譏笑與打擊。只要自己盡力而為，把事情做好了就是成功。

3.別老跟自己身邊的人競爭，如果你周圍的人又高又大，跑得很快，而自己又小又矮，為什麼一定要跟他們比呢？知道自己在哪裡應該停止，理解自己和理解周圍，非常重要。

26 為什麼弱者能打敗強者

強者取他人之長，
智者用他人之智，
威者借他人之勢。

變短處爲長處——難，
讓長處更長——易。

你要有一顆接納與包容的心，
你要欣賞並學習別人的長處，
沒有完美的個人，只有完美的團隊。
你眞正能做到的是融入團隊，
讓成員間因互補而使彼此更加完美。
不能融入團隊的心靈永遠是孤獨的。

甲、乙、丙三個人參加一個飛鏢擲球的遊戲，要求每個人用鏢攻擊別人的氣球，氣球被刺破的人將淘汰出局，最後的倖存者就是這個遊戲中的勝利者。

顯然，這三個人的水準參差不齊，如果光一個人用飛鏢去擊氣球，那他的命中率分別是九〇%、七〇%、五〇%，如果三個人同時角逐，那獲勝的人會是誰呢？

還用說嗎？當然是甲啦！因爲水準高的人能立即把別人擊敗。實際比賽結果眞如此嗎？

不錯，誰都希望自己擊敗另外兩個對手，倘若是先把兩個對手中較強的那個打敗，那麼，甲會專門去攻乙，乙和丙都會去進攻甲，這麼一來，三人獲勝的機率卻是三一%、三三%、三六%。無庸置疑，水準最高的甲失敗機率最大，水準最低的丙卻有贏得最後勝利的希望。

甲會這麼傻嗎？不！他會勸乙跟自己合作，先把丙那個笨蛋幹掉。乙會想：「你想得美，表面上說一起合作對付丙，你則趁機偷襲我，就算我跟你合作，打敗丙，我最終還是鬥不過你。」於是甲、乙的合作就有了問題，那他們比賽的獲勝機率分別會是四五%、四六．二%、十二．四%。

美國耶魯大學經濟學教授馬丁．舒比克，還探討了另一種比賽情況。甲威脅丙說：「別人不進攻你，但你不能進攻我，否則我會先把你幹掉。」這是另一種新的狀況，同理，乙也可能同樣威脅丙，那可能又出現另一種比賽結果。

你看，這麼簡單的一個遊戲比賽，居然會有這麼多的可能。假如是二人賽，顯然，就是強者吃掉弱者。但加上一人，成了三人，問題就不是這麼簡單了。這個有趣問題，曾出現在一九四八年的《美國數學月刊》。現在，我們把賽局轉移到現實生活中：一個弱者與一個強者競爭，顯然會以失敗告終；假如是一群強者和一群弱者競爭，弱者往往會有更大的競爭餘地。由此可見，人際較量不單看個人能力高強，而在於能否團結別人，藉助他人力量，使自己超越競爭。

感悟點滴

一九二四年，美國哈佛大學教授團首次發現，人際關係才是工作效率的關鍵所在。抓住別人，你就抓住了青雲。因此，在職業生涯中要善於和他人打成一片，把工作夥伴變成自己的啦啦隊。記住，你的同事以及你與之交好的能力是你的一筆巨大財富。而對於你的競爭對手，你也要善加瞭解，無知可能不是禍，但漠視一定會釀禍，懂得花些時間收集競爭對手，你會獲勝的。

27 膽識是個「多義詞」

害怕是有價值的。
因爲怕遭淘汰而努力敬業，
因有目標而把頭抬得更高、望得更遠；
儘管忙碌得像螞蟻、蜘蛛、工蜂，
我們只讓自己不被時代淘汰；
因爲怕受傷害而學會寬容和證明尊嚴，
學會了屋簷下低著頭和痛苦時不哭。

歷來人們大多讚美勇敢的人（有勇無謀，魯莽行事者除外），那些敢冒風險而取得成功的人，都被美其名曰「有膽識」。美國前總統雷根曾經說過：「所謂英雄人物，不見得比別人勇敢，但他們至少會比一般人多五分鐘的膽識。」

一個人想獲得成功，就必須要有膽識。你若不去嘗試，便永遠得不到成功。膽識是怎麼來的?它是在實踐中培養而得，一個人勇於嘗試，便等於爲自己增加一分膽識，也等於爲成功增添一點機遇；而不敢面對現實的人，終究是看不到光明、成功的。

「膽」，代表敢於並勇於嘗試、有智慧。所謂敢是有勇有謀，不是有勇無謀。有謀，就是謀略於先、行動在後，以謀略指導行動。

「識」，代表學識、專業素養。要謀略有效，學識是相當重要的。專業素養豐富，策略才會有前瞻、富建設性，如素養不足，你就只能觸及皮毛，但無法深入問題。當你具有厚實穩固的素養基石，便能夠承受各種撞擊。正如飛機要能夠飛得遠而快，它的引擎必須是最好、最先進的；同理，你要高人一等，學識就必須要勝人一籌。專業素養應該具備兩個條件：「專」且「深」。就像你要挖一口水井，必須不斷深入。如果你只是大量挖掘卻不夠深入，那結局可想而知。

上面講了膽識的兩重含義，事實上還不全面，眞正的膽識還要有思辯的智慧，認識到勇敢的反面——害怕。爲什麼如此說呢?我們還是來看一個故事吧。

有位老闆問了他的員工一個問題：你害怕變化嗎?

員工們一愣，這可不好回答。說不害怕吧，其實是假話，尤其是上了一定年紀的人，更渴求安全感，都不願意整天生活在漂泊與動蕩之中，生活在朝令夕改的變化之下。可要說害怕，讓老闆由此看出自己的脆弱，乃至不堪重任，這怎麼行呢？不少人最終還是戴上了逞能好強的面具，沒有跟老闆說出心裡話。確實，面對那個給自己發薪水的人問「你害怕變化嗎？」很多人是害怕回答的。

老闆見員工們要麼回答「不害怕」，要麼就是保持沈默，便笑著說：「害怕變並非都是壞事，我想告訴你們這樣一個道理，害怕被淘汰，比害怕變化更有價值。」

害怕是有價值的，你應當像非洲大草原的羚羊一樣，具有一種「羚羊心態」——害怕狼群獅豹，在每天清晨太陽一升起，便爲生命奔跑。當然，光有心態還不夠，還要有「心智」，懂得怎樣面對害怕。

感悟點滴

不要害怕變化，不要戴上勇敢的偽裝，更不要像無憂無患的青蛙，陶醉在已開始升溫的熱水中，真正的識膽是「膽大敢為」與「遠慮近憂」的有機結合，這也是識膽的價值。

我們在謀遇到危機時，千萬別四處盲撞，病急亂投醫。遇到危機，最忌先入為主，已有主觀和態度，便難與人客觀、平靜地溝通。除此之外，擬定計劃時，首重有效果，而不僅是有道理，方案有效，才能一舉化危機為轉機。

真正的寵辱不驚，往往是一種麻木，抑或是平庸者的自我安慰。其實，害怕本是肝膽分泌出的一種毒素，雖然能傷人，但是聰明的人也能以毒攻毒。

28 助人未必為樂

幫助別人是一種好品質，
但幫助的結局未必能讓人快樂起來。
幫人也講究方式手段，
對於一個乞丐，
第一碗飯可以救命，
第二碗飯便是誤導，
第三碗無異於毒藥。
有的人天生依賴成性，
習慣於飯來張口，茶來伸手；
有的人不悉經營謀略，
有錢也不會使在刀刃上。
重要的是要讓窮人覺醒，
教他們一些致富之道。

西班牙有一位名叫卜吉斯的富翁，曾經連續十年捐款給他的故鄉居民——摩洛哥北部的索里曼人，以解決他們的生計問題。一九八六年，摩洛哥王室決定授予他「哈珊王勳章」，可對這麼一項至高無上的榮譽，卜吉斯卻沒有接受。

對此，人們各執己見，有人認爲他對王室不滿；也有人說他謙虛，認爲自己不配接受那枚勳章。後來，摩洛哥《先知報》的一位記者去採訪卜吉斯，人們才得知眞正的原因。他是這麼對記者講的：

有一天，我回索里曼，下榻在地中海金蘭灣的一棟別墅裡。傍晚時，我去海濱散步，一不小心踏進沙灘上的水窪裡，伴隨著濺起的水花，一群小海蟹紛紛竄動起來。牠們或爬入石縫中，或鑽進沙子裡，我隨手抓了一隻。

當地人對我說，這種蟹叫寄居蟹，大多生活在岸邊的淺水裡，但如果牠們能爬進大海，也會長得如盤子那麼大。我非常不解地問，牠們爲什麼不爬進大海裡？當地人只是搖搖頭。

終於有一天，我知道這種蟹有一種安貧樂土的生活習性，牠們之所以寄居在遠離大海的淺水窪裡，是因爲每次漲潮都能給牠們帶來點可憐的食物，只要有定期的潮水，牠們都會賴著不返回大海。但是淺水窪的食物時斷時續，牠們的生活經常處於饑一頓飽一頓的狀態，因此這種蟹難以長大。要是一遇到枯水期，或一連幾個星期潮水漲不到牠們的水窪，牠們也會千辛萬苦的爬向大海，最終長成盤子大小。

這種寄居蟹給了我很大的啓發，我決定不再去救濟故鄉的索里曼人，而恰恰就在我做出決定的時候，接到王室要授予我勳章的來函。我想，現在已經沒有接受的必要了。

卜吉斯拒絕國王勳章的故事，說明什麼呢？扶貧式救濟是不能眞正幫助窮人脫貧的。經常性的物質救濟，只會帶給他們永久的貧窮。

感悟點滴

光靠口頭上的激勵與物質上的幫助並不能徹底改善個人的生活現狀，這其實只是治標不治本的方法。倘若你真的想幫助某個人，讓他變成你所期望的人，不妨按照下面幾點來執行：

1. 告訴他你對他的期望值，並使之成為他的「自我期望值」。

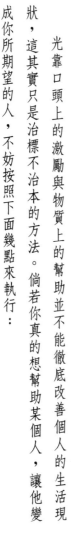

2. 讓他清楚實現「期望」的好處，以及實現不了的不良後果。

3. 使他相信這個期望絕對能達成。

4. 與他一同訂定實現此期望的目標，以及配套計劃。

5. 讓他多想多思考，體驗實現期望的「真實感受」。你不妨帶他實地考察，參觀「未來」，幫他找到現實中的榜樣，從而養成「以終為始」的好習慣。

6. 讚賞他朝成功方向的每一點努力，尤其是獎勵他戰勝挫折與失敗，並和他分享達成每一個小目標的快樂與失敗的痛苦。

7. 提供必要的訓練與支援，直到能實現獨立——完全能實現自我訓練與提升自我。

29 每天工作深深呼吸

從事快節奏的工作易產生壓力，
長時間無法排除的擔憂也會產生壓力；
恐慌的生存環境更易產生壓力，
工作壓力大，輕則造成精神焦慮，
重則危及身體健康。
別說你從沒舒適生活過，
不要從沒留出時間來照顧自己。
如果不調適壓力，
天長時久定會崩潰。
如果不化解壓力，
就好比天天往心靈裡堆積垃圾。

許多人的壓力和痛苦都是因爲自己看不開，放不下而造成的。壓力和痛苦就像人心靈中的垃圾，必須及時給予除掉，給大腦新鮮養分，給精神按摩，讓心靈得到綠化。否則，你的身心會遭到垃圾的污染。懂得天天給心靈洗澡，身心時時舒暢，猶如每天把家中的垃圾清理掉，爲自己營造一個乾淨清爽的環境。

每週從星期一到星期五，我們需要工作五天，每天八小時，甚至還會更多一些。在每天這八小時內，你可能要收發很多電子信件和傳眞，接打許多電話，會見不少人，參加許多會議，講不少話……尤其是可能還會產生磨擦和矛盾，比如說上司對你有成見，同事和你的意見分歧，甚至家庭不幸的事影響了你。

在這五天中，「天有不測風雲，人有旦夕禍福」，什麼事都可能會發生，因此你一定要進行深呼吸，然後再潛入工作和生活的水底，接受它們的淘洗。

籃球巨星喬丹是NBA的靈魂，本來與星期五沒有什麼聯繫。他的比賽常常被俱樂部安排在週五和週六，因爲只有這兩天全球才會有更多的人來看他打球。他說：「快到週末，我得深吸一口氣了。」

球場是職場也是戰場，都得有個好心情去對待。有個記者問過喬丹一個任何球員都不可能回答出來的問題，這個問題是：「你爲什麼跑得這麼快，投得那麼準？」

喬丹回答：「親愛的，跑之前，投之前，先深呼吸。」

松下幸之助說，星期一早上出門的時候，你應該給自己一個深呼吸。

美國時代廣場附近有一家名叫「感謝上帝，今天星期五了」的餐館。據說，在法國、英國也有同樣的主題餐館，而且家家生意興隆，每週五都有很多人在那天喝得酩酊大醉。

星期五到了，該發生的已發生了，不該發生的也不會發生。因此，應該感謝上帝，用酒來慶祝自己。然後，再慶幸此後還有兩天完全屬於自己的時間。

威廉・費德說：「舒暢的心情是自己給予的，不要天眞地去奢望別人的賞賜。舒暢心情是自己創造的，不要可憐地去乞求別人的施捨。」

來吧，從週一到週五的早晨，對著鏡子，虔誠地做一個深呼吸。

感悟點滴

輕輕鬆鬆一輩子，高高興興一百歲。扔下沈重的包袱，就能輕裝上陣。

「腳把心帶到遠方，心又把腳帶回故鄉。人這一生追逐到底，其實只是圍著這顆心轉。」創作《紅字》的美國作家霍桑說：「幸福是一隻蝴蝶。當你追逐牠的時候，總是抓不到牠；當你靜靜地坐下來時，牠會落在你的身上。」

還有人說，生活就像你偶爾掉了一個鈕釦，你當時怎麼也找不到，等閒暇時，它居然滾到你眼前。人生就是這樣，不懂得適時放下，只會自己受罪、他人受累。找點時間給心靈放個假，也許還會萌生美好的靈感呢！

30 小到倒一杯茶的事情

思考是燈，
行動是輪，
燈能照亮我們在黑暗中前行。
思考是舵，
行動是槳，
沿著目標划槳才能到達目的地。
人與人的差別取決於脖子以上的部分，
只有裝滿腦袋才能裝滿口袋。
光有思考沒有行動也不行，
想法僅是觀點，需要用行動證明。

大學畢業後，小紅進入一家民營企業工作。工作淡如水，但一次爲老總倒茶的經歷，讓她終生難忘。

記得那天下午，老總秘書有事出去了，委託小紅暫時頂替她一下。當時，老總正跟一位客人談業務。過了一會兒，小紅見杯裡的水少了，便主動給客人倒水，又見老總杯中的水也少了，便輕輕拿起杯子，倒一個滿杯，又輕輕放了回去。

等客人走了後，老總通知小紅到他辦公室來一下。她敲門進去，老總讓她坐好後，第一句話就問：「妳知道自己是爲誰服務嗎？」

小紅心想，自己一切都做得挺好，今天替老總的秘書做事，也沒出什麼差錯，他爲什麼這樣問自己。小紅帶著疑惑回答：「爲您。」

「說對了，妳現在確實是爲我服務，但爲誰服務，就應該知道他的習慣，知道怎樣做才能讓他感到舒服和滿意。」頓了一下，他突然問，「妳知道我平時是左手還是右手喝茶？」

「右手！」小紅回答得很肯定。

「既然知道，妳怎麼把茶杯放在左面？這讓我還得從椅子上站起來才拿得到杯子，要是一不小心，會把茶水灑到文件上。」說著，老總端起茶杯出去了一下，回來遞給小紅一個空杯。

小紅知道老闆是有意讓她爲自己再倒一杯茶。打開茶具下面的櫃子，她見裡面有

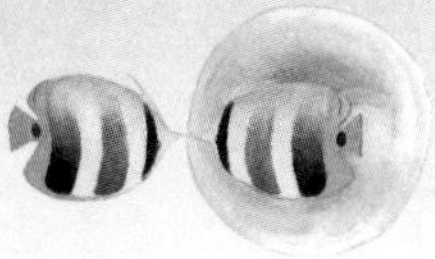

各種名茶：紅茶、花茶、綠茶，光綠茶就有不少種。她不知道老總喜歡喝那一種茶，只好硬著頭皮問。

「妳來這裡工作也不是一天兩天了，平時怎麼就不注意觀察。」老總帶有責備的口氣說。

知道老總愛喝哪種茶還不行，到底應該放多少合適呢？放多過濃，放少了又太淡。

小紅捧著茶杯，畢恭畢敬地把杯子放在老總桌子右前方的位置上，心想，這下該沒問題了吧！

「你應該把茶杯的手把朝向我，這樣，我恰好抓著，用不著再轉杯子。還有，茶不能倒得過滿，過滿了，茶的溫度不能馬上降下來，尤其是客人來時，他不能馬上喝，這就失去了倒茶的意義。而無意義的服務，既浪費了茶，也白白付出勞動……」

沒想到倒茶還有如此深刻的學問。工作中的許多事情都像流水而逝，叫人回憶不起來。但這件倒茶之事，小紅一輩子也忘不了。學會給別人倒茶，看起來是件簡單的小事，但這個世界上，哪怕再簡單的事，都需要你認真思考，把能做好的地方做好。記住，成功的人，既要學會用手做事，更要懂得用腦思考。

感悟點滴

成功的人不僅懂得用手做事，更懂得更用腦思考。哲學家叔本華說：「記錄在紙上的思想就如同某人留在沙上的腳印，我們也許能看到他走過的路徑；但若想知道他在路上看見了什麼東西，就必須用我們自己的眼睛。」

31 高薪是靠「剪刀」贏來的

成功既取決於有多少人肯幫你，
也取決於有沒有人想害你。
但你不能把快樂建在別人痛苦上，
而是把生存建立在別人的需求上。
給別人一個臺階下，
會使自己立得更高，
給雙方留有餘地，
會使自己更好地轉身。
公司需要你，是你的福音。
顧客需要你，是你的造化。
同事需要你，是你的善緣。

大學畢業後，小月和小陽分別到外地去努力，沒過幾年，小月可是混得出人頭地，有一份不菲的收入；小陽雖不及他，但養活自己沒問題。

他們兩個在大學關係一般，只是，小陽知道小月這個人辦事很粗心。出社會以後，兩人剛開始還有聯繫，可一年後，雙方就少聯絡了。就這樣又過了兩年，小陽打算去北部，順便拜訪一下老同學，小月一聽，老同學能來，好啊，這是很難得的。

眞是士別三日，刮目相看，現在的小月歷經工作的洗禮，可是大變樣了，誰都不會否認，他已成了一個嚴謹和周到的人。

正好小月的公司將要舉行一個專案的剪綵儀式，小陽也應邀前去參加。儀式很快就要開始了，應邀貴賓已被請上了舞臺。突然，公司老總發現台下還有位大老級人物，硬是把這位大人物請上舞臺，請他一起參加剪綵。小陽這時替老同學捏了一把汗，就怕要出洋相了。

這時，小月突然從身上拿出一把剪刀給來賓，讓他高高興興地剪了彩。

這種皆大歡喜的局面，使小陽格外吃驚：「你怎知道老總會把那位大人物請上去？」

「告訴你吧，他就是再多請一個，我身上還是有剪刀呢！」小月說。

「你爲什麼懂得這麼做呢？」小陽更加感到奇怪。

「在我們這裡工作，一旦出了問題，永遠都是下屬的責任。因此，我已經養成了凡事多認眞一點、多留個心眼的習慣。無論做什麼事，我總是多做兩到三個備份。我現在薪水這麼高，跟這一手關係很大呀！」

是啊，別人的需求，正是自己最佳的生存之源。

感悟點滴

不怕一萬，就怕萬一。頭腦中有一根「風險」的弦是不會錯的。小心謹慎不等於寸步不前，工作中多一些準備、多一處留神、多一些付出會讓你快樂無比。千萬別小看這些「分外」事，《華萊士財富宣言》中說：「嘗試著超越自己，努力做一些『分外』的事情。不是為了看到老闆的笑臉，而是為了自身的不斷進步。」

32 今天，你「F」了沒有

人生首要的不是解決問題，
而是面對問題。
上蒼喜歡用逆境來檢驗人，
美麗的伊甸園也有毒蛇鬼怪。
順境有利於展現一個人的才華，
逆境卻能透視一個人的品格。
成功就是超越自己。
很多成功者都把自己的成就歸結於逆境，
在與人們分享成功時，
注重的往往不是成績而是挫折——
那些令人難以忍受的苦難，
有可能會被釀成生命的瓊漿。

進入二十一世紀以後，「.com」終於挺不住了，納斯達克一泄千里。「今天，你e了沒有？」改爲「今天，你『F』了沒有？」F是Fire（失業）的F。

也許有不少人還習慣不了如此的「F」（fast，快），就已經「F」（失業）了。假若你是這樣的人，該如何自處呢？

有這樣一個寓言故事。

一頭老驢掉到一個廢棄的陷阱裡，陷阱很深，根本爬不上來，主人看牠是老驢，懶得去救牠了，讓牠在那裡自生自滅。那頭驢一開始也放棄了求生的希望。

每天都有人不斷地往陷阱裡面倒垃圾，老驢氣炸了，天天抱怨自己掉到陷阱裡，主人又不要自己，就算死也不讓牠死得舒服點，每天還有那麼多垃圾扔在牠旁邊。終於有一天，牠決定改變自己的態度，於是每天都把垃圾踩在自己的腳下，從垃圾中找到殘羹來維持自己的生命，而不是被垃圾所淹沒，終於有一天，他重新回到了地面上。

黑格爾說：「只有那些永遠躺在坑裡，從不仰望高空的人，才不會掉進坑裡。」

一個人爲什麼要有那麼多憂怨呢？縱使現實有太多的不如意，就算生活給你的是垃圾，你同樣能像老驢一樣把垃圾踩在腳底下，登上成功之巔。

其實這個世界只在乎你是否在到達了一定的高度，而不在乎你是踩在巨人的肩膀上去的，還是踩在垃圾堆上去的。甚至可以說，踩在垃圾上去的人更值得尊重。老驢的可敬，就在於被主人「F」（forsake，拋棄）了，並沒自我「F」（拋棄），終於有所「F」（Find，發現），結果牠「F」（free，自由）了。

伯尼．馬庫斯是一位職業經理人，他已經四十九歲了。今天，他像往常一樣，拎著心愛的公事包去公司上班。這樣的日子，他已經過了二十多年，他一直以來都是勤勤懇懇、兢兢業業，好不容易才有了現在。他現在很知足了，或者說，他只要再這樣幹十一年，就可以安安穩穩地拿到退休金了。他哪裡會想到在這一方晴好的藍天，無情的劈雷說來就來，這成了他在這裡工作的最後一天。

「你被解雇了」。

「爲什麼？我犯了什麼錯？」他萬分驚訝地問。

「不，你沒有過錯，公司發展不佳，董事會決定裁員，僅此而已。」

唉，僅此而已。現在的公司辭退員工，就像扔一件破舊的衣服一樣簡單，甚至不要任何理由。他有點不甘，覺得自己是一隻狗，甚至就像玩偶一樣，被主人拋棄，成了一隻喪家犬。

和所有的失業者一樣，繁重的家庭開支迫使伯尼必須找到新的收入來源。那段日子，他像沒頭蒼蠅似的竄來竄去，實在累了，就去洛杉磯一家街頭咖啡店，一坐就是幾小時，化解內心的痛苦、迷茫和巨大的精神壓力。

這樣下去怎麼行呢？他想，自己必須尋求新的生活。

突然有一天，伯尼・馬庫斯遇到了自己的老朋友——同樣遭到解雇的亞瑟・布蘭克。他倆眞有同是天涯淪落人的感歎。

「對了，我們爲什麼不自己創辦一家公司呢？」這個念頭像星星之火，一下子燒到燎原之勢，點燃了兩人壓抑在心中的激情和夢想。也就在這間咖啡店裡，他們設想出了建立新的家居倉儲公司，並制定出了「擁有最低價格、最優選擇、最好服務」的經營理念，和使這一理念得以成功實踐的一套管理制度，之後就開始著手辦企業。

那是一九七八年春，二十年後，他們原本的小公司發展成爲擁有七七五家分店、十五萬名員工、年銷售額達三千億美元的世界五百大企業，這就是聞名全球的美國家居倉儲公司。這家公司成了全球零售業發展史上的一大奇蹟。

可見，你今天「F」（失業）了，未必就是壞事。在當今社會，我們必須勇敢面對裁員這一事實，進而做好第二手準備，那麼你就能Find，並使自己永遠Free。你應該經常有更新的履歷，時常留意其他公司的好職位。記住，注入新能量，重新組織，重新開始是生活中永遠不變的定律。

感悟點滴

你已經失去了工作，請不要再失去頭腦，一切都會改善的。命運殘酷並不可怕，可怕的是連自己的命運都把握不住或根本不想把握，任自己似浮萍飄忽不定。韓國現代集團的總裁鄭永周說：「假如人生沒有磨難，恐怕是上帝把你遺忘了。」

一個人能看清自己的命運，掌握自己的命運，是件不容易的事。但是，更困難的，則是在苦難的命運中快樂地生活。以積極樂觀的態度看待周圍的世界和以消極悲觀的態度看待周圍的一切，其人生品質會大不相同。如遇事越想越高興，就會越想越快樂；越想越生氣，就會越想越傷心，情緒也是連鎖反應和互相傳染的。人在任何時候，都應以樂觀和健康向上的心態對待生活。一個以陰暗心理和灰色眼光看待世界的人，他的人生絕不會是幸福美妙的。

人生有逆境、順境和平常之境，身處逆境時要學會樂觀。陷入池塘時，不妨看看口袋裡是否有魚兒跳躍。俄國大文豪契訶夫也說：「火柴在你的口袋裡燃燒起來了，你應當高興才是，多虧你的口袋不是火藥庫。」當我們唱著歌兒走向遠方，路途會變得不再單調漫長。當我們背上的袋子破了，別忘了單調的路上會有綠色的生命，當我們肩上的木桶漏了，別忘了欣賞自己澆開的一路香花。

33 陽光般地活在風雨中

求索是一個艱難而又痛苦的歷程，
人生的成長是不斷失敗後的前進。
「梅花香自苦寒來，
寶劍鋒從磨勵出」。
你任何時候都可以停下來，
爲什麼現在停下來呢？
愈是在痛苦失意時，
愈要自我肯定。
失敗是成功路上暫時的停頓，
坎坷只是提升我們的臺階。
困難是懦者的絆腳石，
卻是勇者的試金石，
害怕失敗不去嘗試就眞是失敗了。

「我希望自己能成爲一個春風使者，吹走寒冬，使小草返青，使河水綠如藍，使江花在日出時能紅似火……」這是翠風的一個美好願望。終於，她選擇了一份心愛的職業——心理諮詢師。

在雨中與陽光女孩相約

那是一個下雨的星期天，細雨如織。

一名話音低沈，自稱名叫陽光的十七歲女孩打電話約諮商師。

她們見面了。這個名叫陽光的女孩，一張釁然的笑臉，簡直就是雨中的太陽；再看她一副短裝打扮，背上一個雙肩包，腳上一雙運動鞋，一派青春朝氣。這樣一個花樣女孩哪像電話中的那個灰姑娘？女孩說：「我想請妳幫我整理思緒。」

家境動蕩，渴望早早自立

陽光出身於一個小康家庭，母親長得很漂亮，是個個性溫知的家庭主婦。她這個人自小承襲了父親身上特立獨行的個性。父親後來與人合夥做生意發了大財，但這並沒給家裡帶來福音，因爲這個男人跟一個十八九歲的美眉暗通款曲。陽光憤憤不平，出手打了這個女孩一記耳光，竟被父親暴打一頓，那年她十一歲。後來父母離婚，父親生意賠了本，身上的錢也被那個女人拐走了，父親悔恨交加。但她的學習並沒受到影響，而且還非常出色，她心裡只想速速跳級，快快畢業，早早自立。

她中學時就打過工，在校園裡賣圖書、卡帶，一個月下來能賺五千元，週六晚上還利用自習時間溜出來做兩小時家教，住在學校裡幾乎不怎麼回家。

虛榮心，讓她「大出血」

誰知還沒等到她考大學，父親的生意就倒閉了，家裡欠了一屁股債，生活也一落千丈。她落魄的處境可想而知，好在她是個很獨立的人。

後來父母和好了，又齊心協力還債。陽光也想找回有錢時的那種感覺。考上大學那一年，她八月就想先打幾天工再說。也許是曾有過驕貴的富人生活，她自尊心特別強，肉裡的骨頭硬得很，身上有一顆虛榮心。這讓她剛到陌生的城市就出了「血」。下了火車，她向人打聽哪有飯店，而不是問哪兒有旅店。入店後她要了個房間，服務員很熱情地報了價：六千元一天。她一聽差點暈過去。可一想，那麼瀟灑地進來，怎麼能灰溜溜地出去呢？一狠心就住下了。這一夜她都沒合眼，想起媽媽那麼節省，這麼睡一覺就要幾千元，心裡很不是滋味。只住了一天她就離開，一切彷彿從天堂到了地獄。她透過報紙，先找了一份推銷保養品的工作。

入學前打工，遭受白眼和歧視

當時賣一瓶保養品可以抽二百元，她生來就不懼怕任何人，但萬萬沒想到，這份工作竟到了把臉給別人踩的受辱地步。有一天，敲開一戶人家，一位大姐從門縫裡看她，她便跟大姐說是免費試用，那大姐開了一條門縫說：「你不是說免費的嗎？你拿來呀？」

她不願意遞進去，雙方就在門縫中僵持著。後來一位男士竟把她當成要飯的：「小妹妹，我實在沒有那麼多錢，身上只有這幾十元，拿去吧！」

接下來的第二件生意，簡直是她哭著做成的。她跟一家男主人解釋了半個多小時，好不容易快搞定了，可當女主人回來時，竟雞蛋裡挑骨頭說不要了。她已經說得一點力氣也沒有，一聽這話差點跪在地上。就在她往女主人身上塗試用品時，心想：「我對我媽媽這麼好過嗎？」這麼一想，鼻子一酸，眼淚「啪噠、啪噠」地掉了下來。

女主人見她哭了，就說：「妳怎麼哭了？看妳不像推銷員，倒挺像演員的。」這筆生意就這樣做成了，她接過錢，千恩萬謝地走出來。

這樣做了不到一個月的時間，陽光實在受不了，因爲就算面對人家的白眼和污辱，自己還得說「謝謝您」「打擾了」。她決定離開公司，但是她永遠都不會忘了這種受辱的體驗。如今想來，她還是要感謝他們給自己這樣一種經歷。

離開那家公司後，陽光做攝影助理，由於學習能力很強，她學到了很多東西。到了十月，她按時去學校報到了。

休學創業，承受破產的打擊

上學後，陽光對大學生活不感興趣，打算休學創業，於是向學校遞交了申請書。她想開家網路公司，但沒有經濟基礎，就連寒假都沒有回家，泡在圖書館裡，每天看些名人傳記、英語文章和電腦方面的書。春節一過，她以入股的方式，跟朋友註冊了一個公司，給一家百貨公司做代理。

公司裡所有的人都做得非常賣力，但由於缺乏經驗，選錯了商品，那些日用百貨、化妝品根本找不到銷路。商品賣不出去，銀行貸款還不了，掙扎了兩個月，最後只好宣佈破產。這對年輕氣盛的陽光來說，打擊太大了，害得她體重掉了七八公斤，面對大量庫存，她們想用發傳單、貼廣告的笨方法去推銷，結果東西仍沒人要。

當賣屋小姐，經理罵她保守

逼得沒辦法，只好到一家房地產仲介公司賣房子。打了十多次電話，第一間房總算順利賣給了一位經理，緊接著又做成了兩筆，再後來也接了不少單，但都沒做成，原因是陽光不願跟他們做「私下」交易。經理說她保守，陽光堅持自己的尊嚴，不願做出一副鳥態，讓人家隨便從身上拔毛，就爲兩個錢。

在風雨中散發陽光

陽光的故事講到這裡，突然停了下來，翠風關切地問：「家裡知道妳休學了嗎？」

「不知道，也沒必要讓他們知道。我覺得按部就班地上四年大學太慢了。」

「妳這個年齡正是讀書時，難道妳不想取得家裡的支援完成學業？」

「我很想去加拿大留學，儘管家裡也傾力支援我，但家裡已經太困難了。」

「那妳現在打算做什麼呢？」

「我手上沒有多少錢了，但我不怕，因爲我有很多朋友。下一步我想離開這裡，給心靈放一個假，調整一下心態，再迎接明天的挑戰吧。」

陽光說完心事，依舊一臉的笑容。俗話說：「苦難是一所最好的學校。」一個如此年輕的女孩，就經歷這麼多，而且面對苦難，還如此的陽光。

感悟點滴

約瑟夫．坎貝爾說：「唯有進入深淵，我們才能尋回生命的寶庫。你跌倒的地方，正是寶庫的所在地。你最害怕進入的洞穴，正是你探索的源頭。」

停止抱怨吧，抱怨他人與環境只能使我們精神頹廢。也許我們無法掌握風向，但我們至少可以調整風帆；也許我們難於左右事情，但我們至少可以調整心情。

湖南的「蝸牛人野外運動俱樂部」就有這樣的蝸牛格言：「我們無法決定自己壽命的長度，卻可以拓展它的寬度；我們無法干預天氣晴雨，但是可以轉變心情的悲喜；我們無法改變自己的容貌，卻可以歡展笑顏；我們無法左右他人，但可以掌握自己；我們無法預知明天，卻可以善用今天；我們無法樣樣都順心，卻可以事事皆盡心。」

34 失敗的真相

過去的經驗要總結，
未來的風險要預防，
這是聰明人的行爲。
格局決定結局，
態度決定高度。
成功者把別人的教訓當做自己的經驗，
失敗者把別人的經驗當做自己的教訓。
成功者認爲逆境使自己更靠近理想，
失敗者在機會面前看到了困難。
成功者愛找方法，失敗者習慣於找藉口。

諸葛亮也是個常敗統帥

世人贊佩諸葛亮「功蓋三分國」，還說他滿腹智謀，料事如神。其實，細讀《三國演義》，人們也許會驚奇地發現，諸葛亮原來也是個常敗統帥。他不僅有「棄新野、走樊城、敗當陽、奔夏口」的敗蹟，而且大敗仗也吃得不少。他晚年全力以赴的「六出祁山」，也無不以失敗告終——

一出祁山，因錯用馬謖而失街亭，被迫倉皇撤退；二出祁山，因速戰不成，死傷累累，兵無糧草而撤兵；三出祁山，因病力不能支，不戰而走；四出祁山，因司馬懿妙用反間計，使劉後主下令諸葛亮班師，魏不戰而勝；五出祁山，中李嚴假報東吳攻蜀謠言之計，伐魏成「水中撈月」；六出祁山，因心力交瘁，星落五丈原，蜀軍費盡力氣，好不容易才撤回本國。

但諸葛亮並不氣餒，屢敗屢戰，一次又一次具體的部署。手持羽扇的他，在人們心目中的形象，千百年來都是神機妙算和深謀遠慮的，他三氣周瑜，六鬥司馬懿，無往而不勝。

一個用「失敗」創業的人

失敗並不會使偉人喪失光彩，可是許多人懷著「報喜不報憂」的心態，不敢訴說失敗，諱疾忌醫。偏偏在日本有個人，真正敢於向世人訴說失敗，這人就是和田一夫。

衆所周知，前八佰伴集團曾經叱吒風雲，何等引人矚目，不幸的是它在一九九七年破產了，其總裁和田一夫從腰纏萬貫變成一貧如洗，但他並沒有一蹶不振。先人「阿信」頑強抗爭永不言敗的精神仍然在發揚光大著。

在破產後的半年裡，和田一夫足不出戶，一直在反省和潛心讀書，主要讀名人傳記。其中給他觸動最大的是中國的鄧小平和韓國的金大中。他說，鄧小平一生三落三起，最後復出時已經七十三歲，而自己當時才六十八歲，相比之下，還年輕了六歲。他決心挑戰命運的敗局，開始第二次創業。

中國有句俗話說：「從哪裡跌倒就從哪裡開始。」和田一夫決定從失敗起步，但他必須要先面對失敗，敢說失敗，分析失敗，研究失敗，總結失敗，把失敗的教訓告訴更多的年輕人。一九九八年，和田一夫毅然開設以企業經營諮詢業務爲主的「和田經營塾」，做的就是痛說失敗這件事。

和田一夫的行爲可不是作秀，他的這一舉措引起了日本有識之士和國際學界的高度重視，美國史丹佛大學一位著名教授尖銳地指出，日本缺少向失敗者學習的姿態，和田一夫所爲值得敬佩。日本飯塚市政府官員表示，當地正需要和田一夫這樣有過失敗經歷的人，於是和田一夫舉家搬遷。

讓人高興的是，和田一夫在痛說失敗中找到了知音。一次在九州的演講，他結識了設計軟體的年輕人正田英樹。二〇〇二年三月，和田的諮詢公司與正田的軟體公司合併爲「HAW」國際公司。正田負責技術，和田做經營。只花了一年零九個月，公司股票就上市，比當初八佰伴公司的股票上市竟少用了二十八年之多。

二〇〇四年，和田一夫先生已經七十五歲，他又一次將目光落定中國，選擇上海開始他的第三次創業。

第一件事仍然是痛說失敗，他開辦了上海國際經營塾，以培養經營者、進行經營諮詢爲主業，繼續開拓他八佰伴破產以來一直在從事的業務——痛說失敗。

聽他痛說失敗的，多數是成功企業的領導人。然而，正是成功才使他們更加感到痛說失敗的無比重要性。

和田一夫先生說得好：「對於中國經濟來說，培養具有世界眼光、國際經驗的經營人才最重要。我有在世界上十六個國家和地區投資的經歷，更有失敗的教訓。這是我在上海第三次創業的自信所在。」

在平庸中超越失敗

有一則寓言。

有個漁人因一流的捕魚技術被人們稱讚爲「漁王」。漁人年老時，對幾個兒子平庸的漁技擔憂。

他對一個朋友說：「眞是不可思議，我的漁技這麼好，可沒有一個兒子能像我一樣。我可是第一好手，從織網、撒網和收網這些最基本的事情一一教給兒子，又告訴他們什麼時候最適合撒網、如何識別潮汐、怎樣辨別魚汛等等。一直以來，我把自己成功的經驗，一點一滴的教給他們，偏偏他們就是不爭氣。」

「這麼多年來，他們都是跟著你學的嗎？」朋友問道。

「是呀，爲了讓他們少走彎路，我讓他們一直跟我學。」

朋友笑了：「如此說來，你的錯誤就更明白了。你僅僅教他們成功的經驗，而不給他們失敗的教訓，這正是你的兒子們沒有學會捕魚的原因啊！一個人要是沒有教訓，就跟沒有經驗一樣，自然就不能成才。」

奧斯特洛夫斯基說：「人的生命猶如江水奔騰，不遇到島嶼和暗礁，難以激起美麗的浪花。」並非每一種不幸都是災難，逆境常常是一種祝福。

有位名叫格德納的加拿大人，原是一家公司的普通員工，因爲一直沒有得到晉升，一度十分消沈。

有一天，他在影印機旁複印文件，失手把一瓶液體潑灑在文件上，文件搞得一塌糊塗。老闆一氣之下，藉此把他解雇了。

他回家後，望著那害使他失業的複印文件發呆時，悲傷的眼中忽然露出了喜悅的光彩。因爲他發現被液體污染過的部分留下了漆黑的斑塊，也就是說，這種液體讓影印機複印不了紙張上的文件。

於是，幾經試驗，他終於研製出一種與普通紙張無異，但可以防止盜印的影印紙，並大量生產銷售。儘管這種紙張價格昂貴，但使用在保密檔案、軍事材料、秘密圖紙上，能有效地防止別人盜印，所以每年銷售量都在億張以上。

誰能保證自己一生中事事遂心，誰又能說自己是永遠的勝利者呢？大千世界培養和造就了許許多多的偉人和成功者，然而，更多的人卻是平庸一生，甚至是一敗再敗。人生之途本身就是坎坎坷坷、失敗累累。但每一個失敗了一次、兩次，甚至三次或更多次的人，他的結局都是令人欣慰的。因爲這便是超越失敗。

新釋「逆來順受」

「不以成敗論英雄」是我們熟悉的一句話，你應當從這句話中明白這樣一個道理：人和其所做的事是兩回事，曾經做過壞事，並不能說明你就是一個壞人；昔日失敗過，並不能證明你永遠是一個失敗者。成功只因你能正確地對待失敗，正確地對待逆境。「逆來順受」這個成語，一直以來都被用做形容一個人懦弱和無用，明顯是個貶義詞，但是現在細細琢磨，發現其中很有韻味，它是一個讓人提升觀念的成語。

其實，生活不在於到底發生了什麼事，而是我們自己怎樣看待和領悟它。一般人都是根據對事實的主觀感受，而不是根據事實的眞相來評判，這就犯了莫大的方向錯誤。

逆來順受教我們的就是，當自己不能改變的事情出現時，如果樂觀地接納和包容，順勢而行，那不但不會起衝突，反而會因態度的不同而讓形勢出現可喜的轉向。

懂得逆來順受的新含義，你就會善加對待失敗與挫折。工作中，也許會出現這樣不愉快的事：你並不比對手差，甚至曾是他的上司，可是現在他平步青雲，而你卻被一次次地冷落，你怨天尤人；你正得心應手，可是上司把你調下來，安排你到一個最不願去的地方，你說「老子不幹了」。

也許這一切都讓你雄心泯沒、看不到光明，你甚至認爲自己的經歷比誰都坎坷、災難比誰都深重，你認爲自己再沒有揚眉吐氣、出人頭地之日，你認爲生活將從此永無笑臉、人生將如隕落的星星一樣從此暗淡。

如果生活是這樣，也許你眞的沒戲唱了，然而現實偏偏不是如此。

前面提到鄧小平三起三落，他一九三一年被免職，一九三四年被起用；一九六九年再一次被免職，一九七三年再一次被起用；一九七六年又被免職，一九七七年又被起用。美國總統林肯也是多次受挫的人。

世界上沒有什麼是一成不變的，生活就像大自然，有寒冬，也有陽春；有酷夏，也有深秋。走運和倒楣都不會持續太久。當冬風來了，春天就不會太遠了。

在人生旅途中，一種謬誤一次失敗，往往會把自己推到進退不得的境地，有時甚至會改變整個人生道路。其實，謬誤與失敗有時既是人生的挫折，又是人生的轉折。所謂「置之死地而後生」就是這個道理。人生的不幸向人們昭示的不純粹是災難，它或許告訴你原來的那種活法不適合你，或許告訴你原來的要求和目的與現實有偏差，它用不幸來提示你，讓你暫時心灰意冷，因此，這往往是個戲劇性的環節。有許多人因倒楣交上好運，或創業，或發財，或有所建樹，而其前提是：善待謬誤，巧尋轉機。

怎樣善待謬誤與失敗呢？你要考慮自己做事的動機，你爲什麼那樣辦事？有時人做事衝動，沒想到後果；有時人們在不清楚原因時就做了，只是到後來人們才明白自己的行爲是錯誤的。

感悟點滴

「牛仔大王」李維前往西部淘金時，曾被一條大河擋住去路，同行的許多人在抱怨，他想起曾學過一個「思考制勝」的法則：「太棒了，這樣的事情竟然發生在我身上，又給了我一次成長的機會，凡事的發生必有其因果，必有助於我。」隨後他做起了擺渡，後來生意不好了，便到西部，竟被幾個惡棍暴打一頓。

這樣的事發生了幾次，他又想起了「思考制勝」，便做起「賣水」的生意。由於當時西部「沒有法律，只有武力」，李維又被毒打，但他立即調整心情，又把「思考制勝」大聲說了一遍。後來因做牛仔褲一舉成名。

受挫一次，對人生的感悟又提升一階；不幸一次，對世間的體會成熟一級；磨難一次，對幸福的內涵徹悟一遍。

愚者說：「我要追求更大的花園」。智者說：「我要成為更好的花匠」。聰明的人因受指責而受益，愚蠢的人因受挫折而喪志。

大陸作家老宣在其所著的《老宣放言錄》中說：「人生就是碰釘子，碰一回釘子，長一分見識，增一分閱歷；做的事越多，碰的釘子就越多。沒有碰過釘子的人，必是沒有做過事的人。不過，聰明人能因別人碰釘子而增見識長閱歷。糊塗人雖碰釘子，還不知是釘子，必待左碰右碰，碰得體無完膚，才知道釘子的厲害。」

35 「小」看偉人有收穫

世界上沒有絕對完美的東西，
美醜本來是一對孿生兄弟，
善惡原來是一對同胞姐妹。
美國瑪麗安娜·穆爾在《詩集》中說：
「生活的醜在你的周圍，
永恆的美在你的心中。」
不要因醜而喪失信心，
要懂得用智慧區分善惡，
要懂得吸取別人的優點，
要懂得發掘自己的長處。

小時候，從老師口中得知偉人們很了不起，稍大一點後，見許多名人也有「醜聞」，覺得偉人也沒有什麼了不起；後來看了些書和資料，才發現偉人固然有值得稱道的地方，但在某些方面的確有弱點。

終止科學探索，成爲「鑄幣大臣」的牛頓

伊薩克・牛頓在經濟上一直不寬裕，一六九二年，五十歲的他決定拋棄科學探索的艱辛生活，尋找一個能帶來更多經濟收入的職位。一九六九年，他遷居倫敦，成了皇家造幣廠的督辦。牛頓走馬上任後，全心投入熔化舊幣、重鑄新幣的工作。他的熱情得到皇家贊許，被授予「造幣局長」職銜。當時建造格林威治天文臺，才花去五百英鎊，而牛頓每年有二千英鎊的可觀收入。

一七〇一年，他辭去了康橋大學教授職務，退出了三一學院。生活與事業的急劇變化，使牛頓成了當時人們的笑談。在一齣話劇中，一個逗人發笑的丑角說：「牛頓嗎？唉，我是聽過伊薩克先生名字的——誰都知道，伊薩克先生的大名。偉大嘛，鑄幣大臣！」

人生道路的改變，使其科學探索工作徹底終止，讓世人爲本來後半生能在科學上大有作爲的牛頓興歎不已。

佛洛伊德和畢卡索的病態心理

也許你會感到吃驚，身爲人類精神分析之父的心理學大師西格蒙德．佛洛伊德，竟然也有心理疾患——恐懼和變態心理。

佛洛伊德患有一種古怪的「鐵軌恐懼症」，每逢乘火車時，他就感到非常不安，這使得他往往在火車開動前一小時就來到月臺。

說到這位精神分析學的創始人還有變態心理，不能不提到可待因，在一八八三年，二十七歲的他從書中得知，可待因能治癒嗎啡癮。對此，佛洛伊德很好奇，試驗後，立即覺得自己處於一種「愜意狀態」，好像剛剛吃過一頓可口飯菜。他高興地把可待因當做一種「魔幻藥」，並把它推薦給面色不好、沒有食欲的未婚妻瑪爾塔．貝爾奈斯，之後又送給他的妹妹們及其朋友。

人們服用後，雖然治癒了嗎啡癮，但服用可待因劑量愈來愈大，最終出現了慢性中毒和震顫性譫妄。有些病人服用後再也無法戒除，後來，許多病例陸續被公佈出來，他也因此受到公開指責，這種東西被世人當做「人類的第三種災難品（前兩種是酒精和嗎啡）」。

畫家帕布洛．畢卡索患有一種奇怪的憂鬱症。好幾年來，他對理髮怕得要命，竟連數月披著長髮跑來跑去，不敢進理髮店。

畢卡索還是個非常迷信的人。其女友法蘭西斯·吉洛特說：「當我把他的帽子扔到床上，他就認爲這意味著一年之內屋裡會有人死去。」畢卡索對某些習俗非常認眞，吉洛特回憶道：「每當我們將外出郊遊，他就要遵照一種俄羅期風俗——家中的全體成員必須在出發前到所處的房間裡靜坐一分鐘才能動身。但要是有誰講話或發笑，所有人就得重新做。」

畢卡索還認爲，把自己的舊衣服扔掉是危險的，他害怕自己將來會變成那個穿他舊衣服的人，因此他始終將衣服穿到破爛不堪爲止。此外，買衣服對他來說也是件很恐怖的事，特別怕試新衣。

不敢與傳統觀念力爭的高斯

被譽爲十八世紀最偉大的數學家高斯，贏得了世人的尊敬，但他也有一大弱點。一八二四年以前，他個人已經獲得非歐幾何學的滿意結果，可是他沒有勇氣去突破，並把研究結果發表出來。原因是當時康德的唯心主義空間觀念佔據著統治地位。康德認爲，空間觀念是天賦，人生下來就有空間觀念，這種空間就是歐幾里德空間觀念。

高斯害怕非歐幾何學與空間觀念相違背，引起人們的反對。

一八二六年，俄國數學家羅巴切夫斯基在喀山大學宣佈自己創立了非歐幾何學，之後又發佈了一系列相關著作。此舉果然引起教廷的反對，被認爲是邪說，甚至有人在雜誌上寫匿名信侮辱他，說他是瘋子，最好的態度是「對一個犯了錯誤的怪人寬容的惋惜態度」。

當時，高斯已大名鼎鼎，但他沒有勇氣站出來爲之辯護，只在私人通信時訴說自己的欽佩之情。高斯的「害怕」，不僅埋沒了自己，也埋沒了他人，後給人留下了話柄。

不懂理財之道的莫札特與巴爾札克

偉人不懂得怎麼生活，也不擅管理錢財，這幾乎成了一種通病。身爲薩爾茨堡的首席小提琴師和宮廷樂師，二十五歲的莫札特應該是「高薪階級」，因爲他的酬勞幾乎等同於一位樞密官的薪水，而且他還有舉辦音樂會、作曲和教授鋼琴的收入。可他一有了錢，就馬上買好的葡萄酒和衣服，爲此，他竟過著「乞討」的生活。三十二歲正是他的黃金時期，然而他向共濟會的朋友普赫貝格求助道：「我還欠您七個杜卡特

（當時歐洲通用金幣名），可現在無力償還。我對您的深深信任令我敢於向您請求，能否再借我一百古爾登（德國金幣）。我下禮拜就歸還（屆時我將在賭場教課）……」可是償還總比借貸難，他在一年半時間裡寫了十多封求助信，逝世後，他被葬在一座窮人公墓。

巴爾札克更是一位被錢所困的人，他一生都在想著讓自己的錢滾錢，可總是算錯。巴爾札克曾借錢參與投資，但所投資的這家出版社倒閉了。他再次籌錢盤下了一家圖書印刷廠，一年後這家工廠也垮了。巴爾札克第三次籌集資金，買下一家鑄字廠，可五個月後他陷入嚴重的經濟危機。巴爾札克對他強大的工作能力堅信不疑，總能靠出售他還沒有寫好的小說版權一次次地籌集到錢。可上帝總是捉弄他，使他一次次倒楣。他曾參與銀礦開採，又遭受了損失。

巴爾札克做夢都想一夕致富，擺脫債臺高築的局面，他與俄羅斯的漢斯卡夫人結婚，很想藉助妻子家的錢來還債。可債務之球滾得太快太大。直到去世後，拍賣完家裡的一切東西，才勉強還清了所欠的錢。

在愛的漩渦裡掙扎的拉薩爾、諾貝爾與海頓

身爲德國社會民主黨的創始人斐迪南．拉薩爾，飽受女人的麻煩。在他與二十歲的富家女同居時，拉薩爾的另一個年輕女伴爲他生下了一個孩子。此後，他跟一位出版商的妻子又墜入愛河，隨後在伯林又結識了二十一歲的海倫．馮．多寧格斯。

當時，海倫已是別人的未婚妻，但她毀了訂婚協定，接受了拉薩爾。他們到瑞士旅遊時，海倫的父親稱拉薩爾是「卑鄙無恥的情人」。

得知此事，拉薩爾覺得自尊受到極大傷害，就將海倫打發回家。但他很快又後悔了，而海倫已跟未婚夫和好了。他憤怒地要求與海倫的父親決鬥。拉薩爾的行爲令人吃驚，因爲他過去曾向馬克思說：「我始終認爲決鬥是舊時代僵化的殘餘，跟民主原則不相容。」馬克思也反對決鬥，但拉薩爾最後還是與海倫的未婚夫決鬥，地點在日內瓦附近的一座森林裡，雙方約定相互射擊，每發子彈的射擊間隔時間爲二十秒，一直打到有一方倒下爲止。不幸的是拉薩爾沒打中對手，反被擊中了下身，昏迷三天後就離開了人世。

世界著名的化學家阿爾弗雷德．諾貝爾，在四十五歲時愛上了維也納的一名年輕賣花女。但這位姑娘很快就找到一位匈牙利的年輕騎士，並和情夫一起勒索諾貝爾，威脅要將他寫給她的兩百多封情書公開。諾貝爾竟把憎恨指向了所有女人，他說：

「對女人一點也好不得，因為你只會得到恩將仇報與污辱。」直到諾貝爾死後，那對男女還以此要挾，遺囑執行人只好買下這些信件，才使諾貝爾基金化險為夷。

著名作曲家海頓四十七歲時喜歡上了一個二十歲的已婚女歌手柳吉婭·波爾采麗。本來，他和瑪麗亞·安娜已經結婚近二十年，但他眞正愛的人是妻子的妹妹約瑟芬，可是約瑟芬決定出家。

海頓認為都是妻子搞的鬼，因此在自己的傳記裡把妻子描寫成一個沒有教養、妒忌心強、愛吵架的病態女人。當他出名後，不許妻子參加社交活動，可自己經常在外面尋歡作樂。

海頓愛上柳吉婭後，雙方都巴不得自己的配偶馬上死掉，但這一願望直到很晚才實現。柳吉婭的丈夫病死後，海頓的妻子仍然活著。後來，柳吉婭為他生的兒子死了，海頓非常難過，也對柳吉婭失去了好感。一年後，當海頓的妻子也死去時，已經六十八歲的他沒有娶柳吉婭。在她一再的催逼下，海頓做了書面聲明，答應每年給她三百古爾登的養老金。

自私自利的盧梭與托爾斯泰

少年時代的尙．雅克．盧梭充滿了苦難。母親生下他沒幾天就去世，父親在他十歲時離他而去。盧梭做過銅版工、造表匠、音樂教師，爲人抄過樂譜，當過僕人，也做過秘書。一七四五年，三十三歲的他認識了一名二十二歲的家庭女傭泰萊莎．勒華瑟，並與她同居，但沒有娶她。

在巴黎，這段溫情的生活讓他在三個月的時間裡寫出了一部完整的劇本，又過了一年，泰萊莎爲他生下了一個兒子，但他說：「考慮到我的條件，這會將我逼入絕境。」於是把孩子送進孤兒院。又過了一年，兩人又生下一個孩子，還是被送進孤兒院。盧梭三十八歲那年，生下了第三個孩子，他又說服泰萊莎把孩子送進孤兒院。當時，他參與了第戎學院「科學和藝術的進步是否有助於淨化道德」問題的有獎競賽，獲得頭等獎，作品於一七五〇年出版，使他一舉成名，但他依然將第四、第五個孩子送進孤兒院。

盧梭在長篇小說《愛彌兒》中提出了「自然教育」的原則。他寫給朋友德．弗朗修的妻子時，爲自己辯護道：「我一天天地掙錢糊口已經夠艱難了，又怎麼養得起一個家庭呢？安寧是工作成功必不可少的，如果操心家庭，讓喧鬧的孩子奪去我精神的安寧，我又如何從事作家的職業呢？」後來，他又引用在其烏托邦共和國裡，主張不該由父親教育孩子的話說：「每個人都不應認識自己的父親，大家都該是國家的孩子……」年近半百時，盧梭生了一場病，感到自己快要死了，這時他才感受到「良心的折磨」，悲歎：「我死前是彌補不了這一罪過了。」

歷史上有些偉人從一開始就將自己看得比別人重要，可最終往往會給他以及愛他的人帶來不幸。

列夫．托爾斯泰就是這麼一位偉人。當他娶十八歲的索菲．安德列耶夫娜．貝爾斯時，自己已三十四歲。托爾斯泰曾有一段時間過著相當荒淫的生活，後來才投入田園生活和寫作。在婚姻上，他不允許夫妻之間有秘密，他讓妻子閱讀自己的日記，妻子在裡面讀到了丈夫跟其他女性交往的詳細描寫，爲後來他們互不信任埋下了種子。索菲認爲，自己「是一個眞正的作家妻子」。她既是一個妻子，又是一個秘書，她根據他的口授記錄，將一切謄清，因爲只有她能讀懂丈夫夾有許多縮寫的文稿。對她抄清的東西，托爾斯泰邊讀邊修改，她不得不再全部重抄一遍，直到他認爲好了爲止。像《戰爭與和平》花了五年完成，其手稿她抄了七遍。

然而，托爾斯泰在這部小說中表明了他對婚姻生活的失望。隨著兩人關係的緊張，他們分開了。不久，他們重新生活在一起，她繼續爲他謄抄手稿，並負責五六個孩子的大家庭生活，可是誤會愈來愈多。從作品中，她讀出了他對於婚姻生活的厭惡，感到非常氣憤。他們相互折磨了許多年，托爾斯泰在結婚四十八年後決定和家庭絕裂。一九一〇年十月二十八日，八十二歲的托爾斯泰離家出走，並給她寫了最後一封信，其中寫道：「我的離開讓妳難過，我很抱歉，但是請妳理解我，相信我，我不得不這麼做……」非常不幸的，一九一〇年十一月七日，他在途經阿斯塔波沃車站時患了肺炎，當月十六日就病故了。

否定自己的愛因斯坦

愛因斯坦是一位偉大的科學家。在量子力學初期階段，他成爲第一位站出來支持並予以發展的大科學家。這使很多科學家追隨他，紛紛投身於量子力學的探索，並取得了一連串新成就。

然而令人遺憾的是，他從一九二五年開始走到自己的反面，成爲量子力學的頑固反對者。一九二七年，德國物理學家海森堡繼愛因斯坦之後，在許多科學家探索量子力學的成就基礎上，找到了反映量子波粒二象性事實的「測不準原理」。這一原理爲人們後來認識微觀粒子提供了重要的理論依據。可是愛因斯坦竟否定這一原理。

思想僵化就這樣造成愛因斯坦令人遺憾萬分的倒退和失誤，許多人當時都認爲：「這是一個悲劇——因爲他從此在孤獨中摸索前進，而我們則失去了一位領袖和旗手。」

思想僵化的門捷列夫

提起門捷列夫的元素週期律，大家都不會陌生吧！這可是化學領域裡的一項革命性發現。當時，門捷列夫也曾想進一步弄清元素的性質隨原子量增加呈週期性變化的原因，但他沒能從元素不能轉化、原子不可分割等傳統觀念的束縛中解脫出來，甚至到十九世紀末，人們發現了放射性元素和電子的存在，爲揭開原子從量變到質變的研究提供了新的實驗依據時，他不僅不能利用這些新的科學實驗成果進一步發展他的週期律學說，反而極力主張說，承認電子存在不但「沒有多大用處」，「反而會使事情複雜化」，「絲毫不能澄清事情」。

放射性元素的發現明明證實元素是可以轉化的，他卻極力否定，並宣佈「關於元素不能轉化的概念特別重要」，「是整個世界觀的基礎」。

與其相反，許多化學家在放射性元素和電子等一系列偉大發現的基礎上，一步步揭示了元素週期律的本質，摒棄了門捷列夫的原子不可分和元素不可轉化的錯誤觀念，根據門捷列夫週期律的合理內容，制定出了新的元素週期律。在門捷列夫元素週期律基礎上誕生的元素週期律新理論，比門捷列夫的理論更具有科學性。

因循守舊，使得大化學家門捷列夫在探索元素週期律奧秘的道路上反而倒退，錯失了發展元素週期律的良機。大化學家的失誤，是多麼深刻的教訓啊！

從以上衆多科學家的弱點與失誤，我想到了中國的一句古話：「立乎其大，則小者不可奪也。」小處也可看出一個人的精神品質與辦事方式。走近偉人，以小處看偉人，他們也有其弱點，可見世界上，很少有完美的東西。但時下不少人，尤其是粉絲們，把名人、歌星、影星們捧爲至尊，甚至在生活中處處加以拷貝，忽視了做人要做自己，多向周圍熟悉的人學起，多把身邊事做好，切不可好高騖遠。對名人們，需要「審視之，明辨之，愼思之」。

總之，「小」看偉人，但不是小看偉人，也就是說，我們不要將偉人神化，也不能因瑕疵而把偉人醜化。偉人們對人類的貢獻，尤其是他們的高瞻遠矚和感人事蹟，將會啓發一代又一代的人們，走向更美好的明天。

感悟點滴

完美只是一時的、相對的。不完美也是一種美，就好比偉大的人儘管也有瑕疵，但仍然不失英雄本色。美是一個發展的過程，看一個人也不能只看一時。正如明代馮夢龍在《警世通言》中所說：「不可以一時之譽，斷其為君子；不可以一時之謗，斷其為小人。」

記住，當了博導的，不一定就是眾望所歸；沒當博導的，不一定不學無術。開會在中間的不一定是真正的權威；偏居一隅的，不一定無所作為。名氣最大的，不一定實力最強；默默無聞的，不一定乏善可陳。

36

春花夏葉中潛藏著果實

對有志者而言，
他們把貧窮與苦難當做一筆財富；
對庸懶者來說，
他們在貧窮和苦難中什麼也沒學到。
人在任何時候都不應放棄信念和希望，
一息尚存就要有自強不息的奮鬥精神。
大自然無時無刻都在啓迪著人們，
春花夏葉的舞動中蘊含著生命的果實；
巨大的岩石也能長出青青的小草。
風雨只是修改你命運的枝葉，
不要一遇點挫折就說自己一無是處。
沙漠行者懷抱著信念的「蘋果」，
腳下就沒有穿不過的風雨和涉不過的險途。

這是幾年前發生的故事了。

阿雄是個農村青年，沒有大學文憑，身高不足一米七。他曾連份工作都找不到，一度靠撿垃圾爲生，只能在公園的樹下或橋洞裡過夜。天無絕人之境，勤勞和善於思考的人總是會有希望的。一次撿垃圾，讓阿雄改變了自己的命運。

那天，阿雄見一位老人把一盆花扔掉，忙問：「老爺爺，好好的一盆花，幹嘛扔了呢？」

老人歎了口氣說：「小夥子，花養久了，泥土給澆沒了，我懶得再養，所以只好扔了。」

沒過幾天，阿雄又見一位中年婦女以同樣的原因準備把花扔掉，便說：「阿姨，扔掉怪可惜的，我住的地方有泥土，我給你弄點來，這花還能養好長一陣子。」

這位婦女聽了很高興。第二天一大早阿雄就送土上門，她高興地給了他五十塊錢。就這樣，阿雄一見到扔花的人，就給他們泥土。一個月下來，竟然賺了好幾百塊錢。

阿雄於是租了間平房，天天帶著袋泥土到小區叫賣，可效果不好，反引起居民的反感，於是他想：需要泥土的，只有養花的人，只有針對這些人，泥土才能推銷得出去。有了這樣的教訓，阿雄破費地買了手機，又製作一些名片，對買土的人只象徵性地收點錢，然後送一張名片，對他們說下次買，或者是自己的朋友需要，只要打手機就行。

剛開始一段時間，生意還很行，可不久電話少了。阿雄很納悶，便問一位曾買過他泥土的人，人家告訴他：「你賣的土沒什麼肥分，時間一長，花便枯了，誰還會買呢？」眞是一語驚醒夢中人，阿雄當天就到書店買了些相關書籍，看了幾天，終於摸出點門路來，並買了些肥料，按書上的說明嚴格地按比例配製而成，而且還買了一些精美的紙把泥土包好，並在包裝紙上寫下「高肥花盆土」。這樣一來，價格也提高了，而買的人竟然比以前還多，阿雄忙不過來，請了幾名幫工，算下來，一個月淨賺四五千元。

可是不久問題又來了，業務量明顯增多，但收入沒增加，阿雄發現是自己的內部管理出了問題，手下有的人私自隱瞞了一些收入，有的甚至幹了兩個月就辭職，同樣做起了賣土生意，成爲他的競爭對手。眼看著別人搶佔自己的生意，阿雄覺得應該求新求變，否則無異於坐以待斃，只有做到人無我有，人有我優，人優我特，才能在激烈的市場中生存。

於是阿雄在泥土配方上做了一些較大的動作，在包裝和銷售服務上頻出奇招，先後推出了甲類、乙類等多個品種的花盆土，並標明富含鉀、磷、氮等多種元素，適用於月季、蘭花等花卉，而且在包裝上還印刷了幾條實用的養花、育花經驗，比如怎樣使花開得更持久，以及一些養花禁忌等小常識，這樣，居民養花有章可循，也就更樂意買他的花盆土了。

後來，阿雄又請教了一位農科院的技師，爲養花戶解決了許多實際問題，還註冊了專門的公司，他知道，只有按商業規律運作，形成自己的品牌，才能使事業長青。

如今的阿雄已經買了三房兩廳的住家和一輛二千CC小轎車，還娶了一位美嬌娘。

感悟點滴

踮起腳尖，就是另一條生命，另一種活法，另一番境界。湖南衛視《每案驚奇》有這樣一段導語：「生活處處有商機，人生時時有故事。商海——波瀾翻湧，大浪淘沙；商戰——風雲變幻，彈指硝煙；商人——浮生百面，歲月如歌；商情——智者攻略，贏家天下。」

37 別與身邊的財富擦肩而過

遠方的東西，
不管有多美好，
也是遠水不解近渴。
周圍的一切，
不管有多醜陋，
也天天相伴著你。
眞正影響人們心情的好壞，
並非天上的月亮和星星，
而是你身邊的一草一木。
眞正能夠算成你的財富，
並非未來滾滾的利潤，
而是你手中一角一分的現金。

記得有人說過這樣的話：我們目擊的事實，往往只是浮出水面的冰山，冰山下面的巨大事實，需要我們排山倒海地去穿透視聽；我們面對的人生舞臺，也許是幻影化蝶，層層垂簾般幕後的故事，更震撼世道人心。

沃爾瑪是全球最大的企業，創始人山姆．沃爾頓曾是世界上最有錢的人。如今，分了家的沃爾瑪仍有三名家族成員佔據美國十大富豪排行榜。他們成功的一大原因就是創業者心態踏實，不好高騖遠。

有一次，《財富》雜誌一名記者問山姆．沃爾頓說：「我明天可以到你的辦公室訪問你的成功之道嗎？」

沃爾頓答應了。

翌日，那記者便到他的辦公室去。但等了半個小時，還沒有看見沃爾頓出現。記者心中當然有氣，不禁想：你以爲你是誰，有幾個錢就了不起，你看不起我這個小記者，我就憑一支筆和你鬥一鬥……

秘書經過辦公室的時候，見這位記者在等，便說：「讓我找找他。」

後來秘書說：「找到了，他在前面二十公尺的零售店門前。」

那記者立即去找沃爾頓，看見他正爲顧客將貨物裝箱並搬入貨車中。一個全美國最有錢的人，居然做這些工作，眞是出乎人們意料。

那記者對沃爾頓說：「你不是答應在辦公室等我嗎？」

沃爾頓說：「是啊！我在等你到來。」

記者問：「那你爲什麼在這裡……」

沃爾頓答道：「我的辦公室就在街上，這是客人需要我的地方，難道你以爲我的辦公室在冷氣房內嗎？」

沃爾頓已經是大老闆，但他並沒有高高在上。當今許多人不過是有張名校的學歷證書，有的甚至連學歷都沒有，卻不願從身邊的事做起，生性好大喜功，沃爾頓則不同，他說自己最大的財富在身邊二十五公尺之內，但人們卻捨近求遠，永遠離開有機會的身邊而往外求成功！

沃爾頓家族是做零售小生意的，賣的是超級市場的日用小生意，卻是最富有的人；反而是那些做大生意的，卻未必有錢！爲什麼說那些做大生意的人未必有錢呢？原因很簡單，比如，有的國際企業家天天往機場跑，今天是美國，明天是日本，總之，就是忙，天天要照顧的生意眞不少。但這種人賺了錢嗎？他們只是做給人看，排場很大而沒有錢賺。這類生意人是電視或小說中的成功人士，並不是眞正賺大錢的人！

眞的，很多時候，財富就在我們身邊，那些做小生意的人說不定哪天就成了大富商。

記住沃爾頓說過這樣一句話：如果連身邊的財富也發現不了，也許，你一切都完了。

與沃爾頓相仿，美國著名企業家哈默也是一個重視身邊財富，並善於發現身邊財富的人。他曾賣掉自己苦心經營多年的藥廠，讓當時的許多同行難以理解。哈默深知藥廠前景看好，利潤可觀，但他說：「我不關心明天的錢，只在乎眼前，你可以說我目光短淺。」

此後，哈默選擇了當時政局混亂的蘇聯。那時，蘇聯十月革命剛剛過後，政權還沒得以鞏固，各地戰亂不斷，許多地方瘟疫橫行，尤其是食品店缺乏，許多人被餓死。哈默發現了商機，農民擔心時局，囤糧不售，沒糧食的人處心積慮想買到糧食。他立即從美國運來大量小麥，可人們說他不知天高地厚，因爲蘇聯大量種植小麥，長途運輸小麥，根本沒有競爭優勢。可事實證明，人們錯了，哈默是對的。

到了一九二一年，哈默準備回國，突然發現蘇聯商店中的鉛筆缺乏，而且價格很貴。當時蘇聯即將進行一次全國性的掃盲運動。他立即在蘇聯辦了一個鉛筆廠，此舉也讓他的朋友迷惑不解。

哈默的決策是英明的。第一年，他就獲得高達二五〇萬美元的純利，第二年又攀升到四百萬美元。由此，他聲名雀起。

像沃爾頓和哈默一樣，把你更多的關注目標放在目標能及的幾步之內吧！

感悟點滴

那邊的山未必比這裡的山高，那邊的風景未必比這裡的美好。只要多留意，你就能發現美。有人不辭千里，徒步遠行，到別處去尋快樂，其實快樂就在你的心中呀！有人常常捨近求遠，到別處去尋找財富，其實財富就在自己身邊，確切地講，就在你的心裡，在你的思維方式中。有的人尋遍千山萬水，才發現原來路就在自己腳下。

38 用執著煲一碗成功雞湯

執著的人從不三心二意，
咬定青山不鬆口。
執著的人心無雜念，
衣帶漸寬終不悔。
勾踐的臥薪嘗膽，
祖逖的聞雞起舞，
楊時的程門立雪，
達摩的面壁靜修，
伯拉圖甩手三百。
再努力一次你就能成功，
阿來的《塵埃落定》被拒絕了三十多次，
凡爾納的首部科幻之作被拒絕了十五次。

法國巴黎的「秋季沙龍」是一個世界性的著名文化活動，近百年來，有上千位世界各地藝術家，其中包括塞尚、羅丹、雷諾瓦等世界級的大師，都是在這裡一舉成名，走向世界的。

二〇〇二年的四月四日，在這裡最讓人們矚目的，是一個二十九歲，名叫蔡志松的中國人，他依據戰國時期人物造型創作的《故國・風》，奪得了最高桂冠——「泰勒大獎」。這是中國藝術家首次獲此殊榮。

在一片掌聲、歡笑、歌聲、美酒背後，他的每一分成長都是緣於一份執著。

逆風中，一隻執著於飛翔的「醜小鴨」

蔡志松十五歲時患重病進了醫院，醫生忙了半天，可他的高燒絲毫不退，醫生歎氣道：「看這孩子的命吧！」幸運的是，他吃了臨床一位患者剩下的藥竟奇蹟般的好了，但是家裡的清貧，使不幸的他自幼在心靈蒙上陰影。好在蔡志松刻苦勤奮，考上了重點中學，並由此對中國古典文化產生了強烈的興趣。

命運對於很多人來說，也許就是要讓你遭遇挫折，他兩次高考落榜，但他仍咬緊牙說：「不，我就是要進中央美院。」他在雙眼什麼也看不清，被醫生確診爲急性角膜炎時，心裡依然把雕塑之夢看得清清楚楚。失敗也害怕拼命的人，一九九二年，他終於如願以償，穿著舊衣，滿腔自信地行走在中央美院的校園裡。

對雕塑不同尋常的理解和領悟

大學五年，他生活很落伍，專業很拔尖。許許多多個夜晚，當室友們去唱歌跳舞談戀愛時，他學會了獨處，他喜歡「看雕塑教具」的獨特學習法，在一個個雕塑面具前，久久的凝視、思索，又邊看邊做，從而有了非同尋常的理解和領悟，使得他一次次發現新的奧秘，一點一點的深入認識到雕塑是造型藝術，是空間藝術。蔡志松渴望自己雕塑藝術作品的同時也能雕塑人生。

然而，成績總是落後於他的實力。考研失敗了，他不得不出去找工作，校園依舊美好如昔，自己也許就得跟藝術揮手告別。也許藝術並沒遺忘他，藝術眞的需要他，北京市政府決定在盧溝橋做抗戰紀念群雕，美院接了這項工程，並邀蔡志松參加製作，他的出色手法，終於使母校破格讓他回校執教。

此後，他的創作激情時時鼓舞著他。他說：「在現代藝術領域裡，一直在提倡藝術多元化發展，其實這種多元化是以西方文明爲主導的多元化，其本質是一元化。一個民族如果文化精神消亡了，那麼民族精神也將被動搖。藝術家是社會最敏感的神經，藝術家有責任將民族的文化繼承並光大，但是由於政治經濟發展水平的不同，使我們遺憾地看到當下許多地域的文化被西方強勢文化解構，或邊緣化。我們現在多數人都在追隨西方的潮流，我要做的就是打破這種一元化，開創另外一種現代藝術樣式，一種能體現我們東方民族氣質，能包含我們中國幾千年文化底蘊的現代藝術語言，在宏觀的文化領域裡眞正和國際平等對話。」就這樣，故國系列雕塑在他的腦海中日漸清晰。

像膠水一樣執著，成功是永不放棄

當然，對於藝術創作，除了技藝，還得靠毅力。一件雕塑作品，蔡志松要做幾個月甚至一兩年。在創作一件以春秋戰國時期人物造型爲原形的雕塑時，因爲難度大，思路受阻，久久沒有進展，他就放棄了。

但過了幾個月，當他重新看到這件被遺忘在角落裡的初稿時，心裡一個勁兒地說：沒有困難，哪有突破？他決定完成它。

蔡志松給露在外面的手腳貼上銅箔，把薄銅皮剪裁成衣服穿在人物身上，然後又穿頭髮，一根一根地銅絲按古代的髮飾編起來，編完頭髮再編腰間的繫帶……可銅絲又硬又細像鋼針，一次次透過手套紮破了他的手指。

爲了表現出衣服的色彩，他親自用硫化鈉腐蝕銅，強烈的氣味刺激得嗓子發火腫痛，空氣中的銅粉飄進眼睛裡奇癢奇疼。當整體完工後，蔡志松又拿起鋼焊條給一些沙注入銅水修補，用鏟、銼、雕塑刀一下一下地剔除表面的瑕疵。

終於，這件曾被放棄過的半成品，在蔡志松的打磨下放出熠熠的藝術光輝——這尊高八三釐米、重五〇公斤的《故國・風》後來漂洋過海，到了法國。它和它的創作者一起登上了世界藝術的最高舞臺。

二〇〇二年的春天，蔡志松捧著剛獲得的「泰勒大獎」獲獎證書，心潮起伏：他站在了畢卡索、塞尚、羅丹曾經站過的舞臺上，他和他藝術的偶像站在一起。他心中浪潮澎湃，曾經的苦難一點一滴地融化在幸福的海洋中，曾經暗淡的心頭被今日的陽光照亮，曾經年少的夢就這樣被雕成生命的獎章。

有人說，認真是一種態度，執著是一種精神。一種態度也許只能影響一個人的一生，但一種精神可以影響一代、數代人乃至整個民族。許多人並不是缺乏認真的態度，只是少了點執著的精神。

然而，像蔡志松這樣的人，面對窘境而坦然，面對遙遠夢想而孜孜追求，很令人感動。原來，人生的極致乃是藝術，藝術的極致亦是人生。

因此，我們不要輕言放棄，蝴蝶在經歷破繭而出的痛苦後終於得到令人豔羨的美麗。人生固然有許多的無奈，但更多的是出人意料的精彩。給自己一個機會，給自己一點信心，給自己一點專注，有我所愛，不如愛我所有，無論是什麼夢想，自己才是實現夢想的天使，執著才是實現夢的能源。你需要做的是根據自己的人生終極目標，調整重組補充你的「能源庫」，務必使「能源庫」竭盡全力支援人生終極目標。

39 關注細節，就是一種智慧

凡事不可不認眞，
凡事不可太認眞，
認眞是人生的一種心態，
過於認眞會陷入兩個極端，
精明刁滑與呆板迂腐。
認眞應該選擇，
鑽研學問與大是大非的原則須認眞，
人生的道路看准了應該認眞地走；
認眞需要權衡，
雞毛蒜皮不必認眞，
劍拔弩張儘量幽默化解。
認眞處世、本分做人是一種生存哲學。
天下事必做於細。

幾年前曾讀過這樣一個應徵故事，至今仍記憶猶新，覺得故事對當今的人依然有啓發性。

某公司招聘一名採購員，經過幾輪測試後，只留了三名優勝者，分別是甲、乙、丙。最後一輪測試，老總親自把關面試，提出下幾個問題，每個人的回答都獨具特色，令他非常滿意。

面試的最後一道題是筆試題，題目是：公司要你到某工廠採購四九九九個信封，你會向公司申請多少資金？

沒多久，三人成竹在胸的交了答案卷。

甲的答案是四百三十元。老總問：「你是怎麼計算的呢？」

「我就當採購五百個信封計算，大約要四百元，其他雜費就算三十元吧！」甲對答如流。

老總二話沒說，又問乙。乙的答案是四一五元。

乙解釋說：「我假設買五百個信封，大概需要四百元左右，另外可能需用十五元雜支。」

老總還是沒表態，最後拿起了丙的卷子，見上面寫的是四一九．四二元。他仍然要求丙解釋一下答案。

丙說：「信封每個八分錢，四九九九個是三九九．九二元。從公司到某工廠，乘車來回票價十元。午餐費五元。從工廠到汽車站有三公里，需要花費油錢四．五元。因此，最後總費用為四一九．四二元。」

老總終於露出了笑容，便通知丙第二天來上班。

感悟點滴

舉一瓢濁水，給了即將乾枯的小樹，是善事；潑向別人，是惡事。這都是舉手之勞的事情。實際上，人生原本沒有多少大事，平庸的人把小事一直當小事做下去，就讓自己的一輩子淹沒在小事之中。只有智慧的人，才能把小事做成大事。

在中國，上海地鐵一號線與二號線看上去好像沒什麼區別。事實上，只要人們從細節上加以關注，就會發現其差距，而一號線就是贏在細節。商場的輸贏往往品管理細節的差距。因此，我們千萬別勿視生活中的小事情。

古人說，天下大事，必做於細。《誦戒序》上也說：「勿輕小過，以為無殃；水滴雖微，漸盈大器。」大陸全國勞動模範李素麗說：「認真做事只是把事情做對，用心做事才能把事情做好。」惠普創始人戴維·帕卡德說：「小事成就大事，細節成就完美。」

40 雷根夫人的尊嚴

你應有同情心而不要渴求被同情，
時時被人同情的人生是萬分淒涼的。
總希望被同情的人是無能的，
總希望被同情的人是沒有尊嚴的，
尊嚴是靠自尊、本領和實力獲取的。
一個人應當靠自信自強的方式，
去獲得社會的承認，
去贏得他人的尊敬。
任何僞裝的尊嚴都經不起時間的拷打，
不要做陽光下的雪人，
而要鑄就頂天立地的金剛之軀。

雷根是一位令美國人敬仰的總統。共和黨的一名議員不久前提出，應當將前總統雷根的頭像用在十美分的硬幣上。眾所周知，現行十美分硬幣的頭像可是美國歷史上赫赫有名的總統羅斯福，而且羅斯福在全美乃至全世界都是公認有所作爲的總統，其頭像被鑄在硬幣是實至名歸，如果將其換掉，難免有不敬之嫌。

由此可推，共和黨提出這樣提議，必將遭到民主黨人的非議，甚至是反對。在這一點上，美國前第一夫人南茜．雷根是最有尊嚴的，她還沒等民主黨人有什麼反應，就站了出來，勸這名共和黨人放棄此提議，而且嚴肅地說：「我不支援這種提議，我敢保證，雷根也不會支援的。」南茜還說，把羅斯福總統的頭像鑄在硬幣上是對這位偉大總統的讚譽，也表示了美國人民對其政績的肯定和對這位偉人的紀念，而將其頭像取消，換爲另一位總統的頭像是不妥當的。

在這個關鍵時刻，南茜的呼籲之舉是英明的，是值得世人欽佩的。我們知道，晚年的雷根不幸患了老年癡呆症，其景象非常令人同情。但做人什麼時候都不能失去尊嚴。南茜雖然愛著雷根，但她的愛是理性的，並沒有昏庸到去支援那個提議。相反的，她的所作所爲維護了雷根「一世清名」的尊嚴。

其實，對於政治人物來說，任職期間做的事情，民衆給予公正的評價和榮譽就行了。追求身後名，哪算偉人風範。南茜是一個什麼樣的人，世人自有論斷，但其做法是難能可貴的。

許多人容易感情用事。而人的感情一旦離開理智，就成了荒謬，自己暈暈乎乎、渾然不知，已到了出軌的邊緣。雷根夫人是清醒的，可還有人爲她感到惋惜，甚至說她在「犯傻」。其實，糊塗的是這些人，南茜外表上看似垂垂老矣，但心裡是「年輕健康」的。

如今，雷根已經與世長辭，在懷念雷根的同時，更讓人對清醒而有尊嚴的南茜心存敬意。

感悟點滴

山自重，不失其威峻；海自重，不失其雄渾；人自重，不失其尊嚴。《三國演義》中說：「玉可碎不改其白，竹可焚不毀其節。」世人常說：「人心先自重而後人重之，人必先自辱之而後人辱之。」可見尊嚴的重要性。一個不懂得維護自己人格和尊嚴的人是很難獲得別人尊重的。相反的，一個自尊、自愛、自信、自立的人，具備更成熟的魅力。

41 把名聲送給別人

名聲是那麼的誘人，
盛名是如何的可貴，
當你沈浸在成名的幻想時，
看看那些睿智的名人走過的路吧！
看看他們
如何把名聲送給別人！

名利雙收固然很好，這也是許多人苦苦追求的。但究其本質，名是虛，利才是實的。聰明的人懂得以名取利，要知道，有時僅僅讓出小小的虛名，卻能贏得巨大的利益資本，從而爭取更大的成功。

美國的卡內基是飲譽全球的鋼鐵大王。他年幼時，家境貧寒。父母從英國移民美國定居，剛落腳時供養不起卡內基讀書，他只能輟學在家。

有一次，別人送給他一隻懷孕的母兔。不久，母兔就生下一窩小兔。這下卡內基麻煩了，因爲他既買不起豆渣、胡蘿蔔等飼料，也沒有更多的時間割青草來餵養這窩小兔。忽然他眉頭一皺，計上心來。他去請左鄰右舍的小孩子都來參觀這些活潑可愛的兔娃娃。小朋友都喜歡小動物，卡內基趁機宣佈，誰願意拿飼料餵養一隻兔子，這兔子就用這個人的名字命名。小朋友齊聲歡呼，贊同卡內基的「認養協定」。於是，小兔子都有了漂亮的名字，卡內基擔憂的飼料難題也迎刃而解，而且還增添了他與鄰居小朋友們的友誼。

童年趣事給卡內基帶來終生受益的啓示：「人們都珍惜和愛護自己的名字，而那些懂得把名聲送給別人的人，往往會得到巨大的實際利益。」他從小職員做起，經過不懈的努力，成爲一家鋼鐵公司老闆，兒時的情景不時就會在商戰中重現。

在修築賓夕法尼亞鐵路時，他爲了爭取鐵軌的獨家生意，立即把自己新建的煉鋼廠以賓夕法尼亞鐵路公司董事長湯姆生的名字來命名。這一招果眞靈，不費一文錢，使湯姆生樂不可支，並宣佈今後無條件地購買卡內基工廠生產的鐵軌。

還有一次，爲競標太平洋鐵路公司的臥車合約，他與商場老手布林門的鐵路公司競標，雙方爲了搶生意，不斷削價比拼，結果價格已跌到無利可圖的地步，彼此還嚥不下這口氣。

「冤家路窄」，卡內基在旅館門口遇見布林門，他微笑著伸出手，主動向布林門打招呼說：「我們兩家如此惡性競爭，眞是兩敗俱傷啊！」

卡內基接著坦誠表示盡釋前嫌、共同合作的誠意。布林門被卡內基的誠摯所感動，氣消了不少，不過對合作沒有興趣。卡內基對布林門不肯合作的態度感到納悶，一再追問原因。布林門沈默片刻，狡黠地問：「合作的新公司叫什麼名字？」哦，他在爲「誰是老大」處心積慮！卡內基想起兒時養兔子的事，脫口而出：「當然叫『布林門臥車公司』啦！」

布林門簡直不敢相信自己的耳朵。於是雙方冰釋前嫌，兩強聯手，簽約成功，結果卡內基從中大賺了一筆。

歷史常常開這樣的玩笑，淡泊名利的人出了名。現在全世界都知道卡內基，又有幾個人知道布林門？

從此，卡內基的事業平步青雲。當他成了赫赫有名的鋼鐵大王之後，仍不忘把「名聲」送給別人的道理。

我們可以從記者的採訪瞭解到這一點。記者問他：「你一定是世界上最偉大的煉鋼專家吧！」卡內基謙虛地說：「你錯了，煉鋼學識比我強的，光是我們公司，就有二百多位，我只不過是把他們組織在一起。」

記者仍不解：「可他們都是你的下屬，聽從你的指揮和安排。」

卡內基說：「這也不能說明我比他們強，他們各有其長，我只不過是讓他們盡其所長。」

記者又去訪問卡內基公司裡的專家們。

專家甲說：「我是公司裡的老人，幾十年來，我每取得一點成績，就得到卡內基相當的鼓勵，得到應有的名聲和報酬，所以心情十分舒暢，工作也很順當。」

專家乙說：「我原先在別的公司工作，那裡的經理自吹是最了不起的專家，其實並不比我強，我就把『最』字給了他，來到這裡，卡內基比我強得多，卻從不肯擅居『最』的位子，這樣做起事來就方便多了。」

專家丙說：「我是公司的新成員，覺得卡內基善於製造一種互相謙讓、團結協力的氣氛，在這種氛圍中，我不必考慮人際關係，只要在事業上多花力氣就行了。」

這位記者很感動，採訪結束後寫了一篇專稿，介紹卡內基謙虛和致勝的經驗。專稿中有這樣一段話：「正當那些不可一世的人宣佈自己是最偉大的企業家，而嚇得合

作者步步退卻、人才敬而遠之時，正當那些爲虛名而寸步不讓的企業家大吵大鬧之時，或許，這恰是謙和者成功的良機。」

當然，卡內基取得成功的因素很多，但其中最重要的一點是他心態平和，善於把名聲送給別人。

歷史上懂得這一道理的人，還有很多。天文學家及數學家伽利略就是其中一位。十七世紀初，不少科學家都面臨困難的處境，伽利略也不例外。有時，他把自己的發現和發明當禮物送給當時最重要的贊助者，以得到資助從事研究。

一六一〇年，伽利略發現了木星周圍的衛星。這一次，他把這個發現呈獻給麥迪西家族。伽利略在寇西默二世登基的同時宣佈，從望遠鏡中看見一顆明亮的星星（木星）出現在夜空中。他說，衛星有四顆，代表了寇西默二世及其三個兄弟；而衛星環繞木星運行，就如同這四名兒子圍著王朝的創建者寇西默一世一樣。把這項發現呈現給麥迪西家族以後，他還請人製作一枚徽章：天神丘比特坐在雲端之上，四顆星星圍繞著天神。徽章獻給寇西默二世，象徵他與天上所有星星的關係。

就在這一年，寇西默二世任命伽利略爲其宮廷哲學家和數學家，並給予全薪。伽利略到處乞求贊助的日子終於成爲了歷史，這爲他專心鑽研科學、取得更大的成功，提供了強有力的物質保障。

感悟點滴

互相撕咬和孤立，都會加速災難的來臨。誰都有自己的優勢與局限。當感覺到自己高度不夠時，應該借肩膀給別人用一下。你借出的肩膀會為你贏得新的高度。你的存在，無形中就成了他人存在的重要前提。我們應該懂得你需要他的肩膀，他需要你的高度。

大科學家牛頓說得好：「如果說我比別人站得更高、看得更遠，那是因為我站在巨人們的肩膀上。」

42 懂得寬容利己利人

寬容不是缺心眼，
寬容不是委屈自己；
寬容
不僅僅寬恕了別人，
也寬恕了自己；
讓被寬容者與寬容者一道，
在寬容裡方便了彼此。

美國前總統艾森豪曾在聲名顯赫的五星級上將麥克亞瑟手下任職，其軍銜當時僅是上校。但他工作紮實，思維敏捷，長於寫作，有出色的組織能力，很早就嶄露才華。

可是艾森豪個性倔強，且太愛「獨立思考」，在上司面前常常「不聽話」，有時不僅頂撞上司，還批評上司。有人提議將他撤職，但麥克亞瑟卻不為所動，鄭重答道：「人才有用不好用，奴才好用沒有用。」

於是艾森豪照樣幹他的上校，而且後來當上了總統。

「人才有用不好用，奴才好用沒有用」，大凡有用之才都像艾森豪那樣愛獨立思考，而一思考，就可能思考出獨特的見解來。於是乎，對於上司的瞎指示、亂指揮，或消極抵抗，或拒絕執行；對上司的一些盲目決策、荒唐計劃，或不予理睬，或犯眾直諫。這樣的人，要是遇到器量大的上司還沒什麼，遇上器量小的上司，那結局可想而知。

艾森豪碰到麥克亞瑟那樣的上司，眞是三生有幸啊！假如他遇到鳥肚雞腸的上司，那很可能就沒有後來的成就了。也許好的本質總會良性循環，艾森豪對自己的下屬也是極其寬容的。

巴頓是一位性格上毛病最多的偉大將軍，他脾氣暴躁，有時甚至會動手打士兵。一九四三年八月，僅在兩三個星期內，他就打了兩名士兵，後一次打的是職業兵保羅。保羅是名勇敢的戰士，但在一次炮戰中，當他看到自己最好的朋友被炮彈撕得七零八碎、腦漿橫飛之後，他的精神突然崩潰。從此，他陷入深深的恐懼和焦慮之中，無法自拔。醫護人員深深同情這名可憐的士兵，所以當他被巴頓打倒在地時，他們都異常憤怒。

軍醫長把這件事告到艾森豪將軍那裡。權衡利弊之後，艾森豪將軍決定嚴加封鎖消息，因爲他認爲：「如果此事傳出去，巴頓就會失去服役的機會。但巴頓是我們賴以取勝的關鍵人物之一，我別無選擇。不過我保證，絕不會讓這樣的事情再發生。」

同時，艾森豪將軍以個人的名義給巴頓寫了封信，狠狠責罵了他一通。巴頓也意識到問題的嚴重性。他認眞執行艾森豪的命令，把被打士兵和所有相關人員都召集到司令部，誠懇地表示歉意。他解釋說：「我的本意是爲士兵好，是爲了幫助士兵恢復英勇的鬥志。」

大家原諒了巴頓將軍。巴頓以爲事過境遷，並沒有把它當作一件大事。不料形勢又急轉直下，第七集團軍的戰地記者們知道了此事。他們對美國將軍毆打士兵的行爲極爲憤怒，要求艾森豪將軍將巴頓送交軍事法庭。

爲了保全巴頓，艾森豪不得不向記者們開誠佈公，求得他們的諒解。他對記者們說：「在追擊敵人和開拓局面時，我們需要一往直前的指揮官。對士兵愈是嚴苛，就愈能保全他們的生命，而巴頓就是這樣的將領。爲了盟軍的最高利益，爲了迎接歐洲戰場上的各大戰役，我們應當保全巴頓。」

最後，記者們與盟軍最高司令部達成協定，同意「忘掉」這件事，嚴格封鎖消息。

一九四三年十月，巴頓順利地晉升爲陸軍少將。亞歷山大將軍也建議讓巴頓指揮第五集團軍。

一切似乎表明打耳光事件已經過去了，但更大的風波在後頭。十一月，一位隨軍記者在美國廣播公司的新聞中披露了此事，並斷章取義，大肆渲染。這在美國國內掀起了軒然大波。

但美國陸軍部最高領導階層在這個問題上的立場卻一致：巴頓必須參戰，因爲沒有人能夠代替他；但同時，巴頓必須改過自新。

艾森豪將軍非常關心巴頓的命運。他說：「我們必須記住，雖然巴頓的行爲不可原諒，瞭解此事的軍官莫不感到氣憤，但是他親自支援、鼓舞士兵，並在物質上幫助士兵，這方面的事情不勝枚舉。」

最後，經過馬歇爾、艾森豪多番的努力，巴頓終於保住了軍旅生涯，得以繼續馳騁疆場。

是呀，誰不希望自己能遇上心胸開闊、容人識人的領導者呢？容人是一種美德，是一種修養，是一種境界。你能容人，別人才能容你，相互包容，生活才會更美好！

感悟點滴

古人推崇「將軍額上能跑馬，宰相肚裡好撐船」，這是容人的最高境界。身為一名領導者，要修煉出可以容人也可以容物的寬闊胸襟。

每個人都有其獨特性，有獨特的愛好、追求、性格，甚至是怪癖。所以理解不同、允許差別、包容相異是消融人際矛盾最好的方法，做到這一點，就會營造出親密無間、融洽無比、相輔相助的良性人際環境。

43 面對絕境，從「心」出發

心靈的力量有多大？
它可以讓你
走向海角，走向天涯。
心靈的力量有多大？
它可以爲你積澱
人生的智慧和生活的勇氣。
心靈的力量有多大？
當你面對絕境時，
它能讓你
重新出發。

人生沒有絕境，即使到山窮水盡，只要堅定信念，不妄自菲薄，從「心」出發，就能愈挫愈奮，贏得光明的未來。

美國的吉姆．史都華自幼罹患「先天性黃斑部變性」，十七歲時被醫生斷言「視力將逐漸消失，終至失明」。

後來，吉姆憑藉堅強的毅力，進入歐若．羅伯特喬大學就讀。當時他只剩下一點點視力了，爲了趕上老師講課的進度，吉姆必須每天熬夜到半夜三四點，可是這對視力還在快速流失中的吉姆來說，眞是太痛苦了。

因此吉姆上了十天課後，就決定放棄大學生活，休學回家。

在離校前，吉姆去看望給他上了兩次課的教授保羅博士。保羅博士對他說：「你內心深處有無窮的潛力，有一天，當你回首時就會知道，這絕對是眞的。」

休學以後，吉姆到一個建築工地當工人。他負責鏟混凝土，因這是「剩下微弱視力」的他唯一能做的事。

一個陰冷、颳著強風的冬晨，吉姆站在壕溝裡，用水桶不住地將積水往外舀。他想，天氣轉晴，就可以將混凝土倒進溝裡了。

吉姆的手又濕又涼，渾身凍得打顫，饑寒交迫。

此時，工寮的門突然打開，一個老工人向吉姆走來，勸他說：「我們剛才討論過了，希望你離開這裡。」

「啊，爲什麼？」吉姆先是大吃一驚，接著，他難過地問：「我做錯了什麼嗎？」

「你並沒做錯什麼。我們都知道，你非常努力，但是吉姆，你可知道，我們來這裡是因爲我們沒有一技之長，也沒地方可去。你跟我們不一樣，如果你不離開這裡，有一天，也會無路可走。」老工人停了一下，又說，「吉姆，你該有更大的成就，所以我們決定讓你離開這裡，你一生不應該只待在工地裡！」

老工人這席話深深震撼了吉姆，他想：「是的，我難道只能一輩子當鏟土工人嗎？」

他的心被敲醒了。他含著淚水，謝過工寮裡的工人。他興奮地打電話給保羅博士：「我決定復學，我決定要重回學校讀書！」

後來，吉姆發奮圖強，以「心理學」和「社會學」雙學位從大學畢業，並獲得學校最高榮譽獎。二十九歲時吉姆雙目失明，但他因發明了幫助視障朋友「看」電視的方法而獲得美國最高榮譽獎——「艾美獎」和美國「十大傑出青年傑西獎」。目前，他是「教育電視網」的創辦人，該電視臺在北美有一千多家有線系統加入，收視戶高達二千五百多萬戶。

有一位作家在股票交易中損失慘重，一下子跌進貧窮的深淵，從錦衣盛食至潦倒寒酸，他並沒有氣餒。

他開始節衣縮食，勤奮寫作，期望能依靠賺取的稿費償還債務。朋友們爲了幫助他度過難關，紛紛解囊，一些大公司、大財團更是不惜出資雇用他寫廣告詞……他一一拒絕這些難得的機會，把自己關在書房裡，一個月、兩月、一年、兩年，他緊咬著信念，隨著他一本接一本的新書問世，很快就償還了所有債務，過起自己的新生活。這位作家的名字，就是享譽世界的馬克·吐溫。

《藍色狂想曲》是美國作曲家喬治·蓋西文的第一部交響樂作品，你知道它是如何誕生的嗎？一句話——逼出來的。

有一天，一位爵士樂團指揮請蓋西文寫一部「莊嚴的作品」，而寫慣了通俗音樂的蓋西文說自己對交響樂「一竅不通」，難以完成。

無奈之下，那位樂團指揮想出一條妙計。他在報紙上發佈一則消息，說三周後音樂廳將上演蓋西文的交響樂作品。

蓋西文看到後哭笑不得，沒想到對方會用這種荒唐的辦法逼自己就範，如果三周後拿不出像樣的交響樂作品，自己的聲譽就要受損。交響樂對他來說，確實是一個從未涉足過的領域啊！他感到自己被逼進了死胡同，沒有迴旋的餘地。

不得已，他只好硬著頭皮埋頭苦幹。出乎意料的是，兩個星期後，蓋西文居然完成了一部驚世之作——《藍色狂想曲》。首場演出便大受好評，這首名曲還奠定了蓋西文在樂壇上的地位。

感悟點滴

世上無奇不有，當你感覺到在劫難逃時，也許就是一個新生的機遇。在懸崖峭壁前，有的人看到的是絕路，有的人卻看到了一部梯子。蓋西文屬於後者，一部他不喜歡的梯子，讓他達到了應有的高度。俗話說：「大難過後，必有大福」。如果你在大災大難中挺得下去，就能走得出來。在絕境面前，我們需要處亂不驚、鎮定自若以及足夠的信心，這樣才能激發所有潛能，把劫難變成機遇，從「心」出發，走向柳暗花明。

44 像蜘蛛一樣，只對結網感興趣

你遊走於這裡，
你奔向那裡；
有一天你倦了，
停下來，
瞧見了一隻蜘蛛，
於是你決定學習牠，
結一張屬於自己的網。

史賓沙諾是一個猶太人，但他從一開始就與猶太教格格不入。二十四歲那年，他終於被驅逐出猶太教會。與此同時，父親也在一氣之下與他斷絕了關係，他深愛的女友——他的拉丁語老師凡．丹．恩德的女兒，也改投入他的一個富有同學的懷抱。

從此沒有一個人再願意與他接近、與他交談、閱讀他的那些「奇談怪論」。

他成了一個孤獨的人，不得不隱居在阿姆斯特丹郊區的一間陋室裡，一邊靠磨鏡片來養活自己，一邊靠吞吃柏拉圖、亞里斯多德、伊比鳩魯、布魯諾、笛卡兒等人的哲學思想來養活自己的心靈。

二十八歲那年，史賓沙諾與他的房東一起移居瑞恩斯堡。從此，他便徹底隱退到心靈的貝殼裡，一心一意地思考發生在神的世界裡的種種，以及生命的奧義，並把他的思考一點一點地記錄下來。

除了購買一些必要的食品和散步之外，他絕少出門。

漸漸地，世界也把他淡忘了，他不再記得外面的世界究竟是什麼樣子。

有一天，他猛一抬頭，剛要長歎一聲，無意中發現了頭頂上那些已經蔚爲壯觀的蜘蛛網……他孩子一樣地笑了，甚至笑出了眼淚。

眞的沒有想到，他所棲身的蝸居裡還會有蜘蛛這樣一位不嫌棄他的朋友。

他久久盯著蜘蛛，發現蜘蛛除了默默結網之外，似乎對什麼都沒有興趣。

他的一聲長歎終於又變成了一種力量，他深深埋下頭來，開始像蜘蛛一樣默默地結網，結他哲學的網，他的第一部神學著作——《宗教論》，就這樣寫成了。

從此以後，這個遺世獨立的史賓沙諾像困獸一樣在那個像籠子般狹小的房間裡走來走去。不，是在哲學王國裡鬥來鬥去，結果他把自己的名聲鬥得越來越響了。當然，有時候，他也尋找能夠衝出去的門，因爲他孤獨得甚至想要發瘋。可是，門在哪裡呢？頭頂上的蜘蛛還是默默地編織著自己的網，理智又一再告誡他，他是絕對不能瘋掉的；不僅不能瘋掉，而且還要比正常人更正常。也只有這樣，才能對得起他篤愛的哲學。本來就已經很瘦小的他，顯得愈來愈瘦小了；本來就已經很黝黑的他，顯得愈來愈黝黑了。加上長年不修邊幅，看上去，他簡直就像個怪人，不，是怪獸！他終於勝利了。他那孤獨的靈魂也爲他的勝利鼓掌。美國作家亨利·托馬斯曾經這樣說過：「沒有比史賓沙諾更孤獨的人了。」然而，孤獨造就了史賓沙諾，正是那只對結網感興趣的蜘蛛，激發了他的鬥志，堅定了他對一切金錢、名譽、地位的淡欲。

感悟點滴

今天，我們這些後人懷著對先哲敬仰的心情來閱讀這位偉大的先哲，我們不願他逝去的靈魂再孤獨。我們會讓他的心靈哲學一路陪伴，還要感謝那激發他的蜘蛛。

45 有毅力的人值得信任

沒有毅力，
沒有什麼可以成就；
有了毅力，
沒有什麼不可以成就；
爲了讓一切成爲可能，
拿出你的毅力來。

一九六五年，藤田田畢業於日本早稻田大學經濟系，畢業後，他在一家電器公司打工。

一九七一年，藤田田決定開創自己的事業，經營麥當勞生意。

麥當勞是世界著名的連鎖速食企業，沒有相當的財力，是不可能取得其特許經營權的。當時的藤田田才從學校出來幾年，只是一個普通的上班族，所有的積蓄只有五萬美元，家裡也沒有能力支援他，而加盟麥當勞，必須向麥當勞總部繳納七十五萬美元的現金，而且還必須有一家中等以上銀行的信用支援。

雖然資金遠遠不足，但他還是決心要加盟麥當勞，因爲他看到了這一行業的巨大潛力。他開始在親戚朋友中借錢。

五個月的籌資，他卻只借到四萬美元，離七十五萬美元還有千萬里之遙。如果換了別人，在這種時候肯定灰心喪氣而放棄了。

但藤田田沒有。

在一個早上，藤田田走進了住友銀行總經理辦公室。這裡本來不是他該來的，因爲他沒有任何資產可抵押，根本就沒有向銀行借錢的資格。但他還是來了。

藤田田非常誠懇地向住友銀行總經理表達了自己創業的心願，並詳細講述了自己的創業計劃。

總經理給他的答覆是：「你回去吧，我考慮一下再答覆你。」

這句話怎麼聽都像是一句托辭。藤田田心中陡然產生一股失望，但他沒有泄氣，片刻後，他就鎮定下來，懇切地對總經理說：「先生，你能讓我說明我現有的五萬美元存款是怎麼來的嗎？」

「哦，你說。」

「那五萬美元是我在過去六年中，按月存款的結果。」藤田田說，「在六年時間裡，我每月堅持存下三分之一的工資，雷打不動，從未間斷。在這六年裡，我曾經無數次面對手頭節据的局面，但我都咬緊牙關，克制欲望，挺了過來。有時候，我遇上計劃外的開支，我還是堅持存款，爲了存款，甚至厚著臉皮向朋友借錢。我之所以要堅持存款，是因爲我在走出大學校門的那一天，就下決心要在十年存夠十萬美元，然後用這筆錢自創事業，出人頭地。現在，創業的機會來了，我必須提前開創事業。」

總經理越聽越認眞，最後，他問清楚藤田田存錢的那家銀行地址後，對藤田田說：「年輕人，我下午就可以答覆你。」

藤田田離開後，總經理立即開車前往藤田田存錢的那家銀行，親自瞭解藤田田存錢的情況。

櫃檯小姐告訴總經理：「你是問藤田田先生啊？他是我接觸過的最有毅力、最有禮貌的年輕人。在過去六年裡，他眞正做到了風雨無阻，準時到我這裡來存錢。說實在的，這麼嚴謹的人，我眞是佩服得五體投地。」

聽了櫃檯小姐的話，總經理大爲感動，他馬上打電話到藤田田家裡，告訴他住友銀行將無條件地支援他開創麥當勞事業。

總經理感慨萬分地解釋支援藤田田的理由：「我今年已經五十八歲了，論年齡，是你的兩倍，論收入，我每個月是你的三十倍。但是直到今天，我的存款卻沒有你多。僅這一點，我就自愧不如，敬佩有加。我把錢借給你嚴謹這麼有毅力的人，我很放心。同時，我敢保證，你會很有出息。好好幹吧，年輕人！」

住友總經理沒有看錯人。

現在，日本所有的麥當勞餐廳都是藤田田的，藤田田也早已成了億萬富翁。

感悟點滴

這個世界既不會以一時的成功論英雄，也不會以偶然的失誤判輸贏。人若有持久的表現，往往會得到肯定。相反的，一個沒有毅力、不夠堅定的人，即使一開始被肯定，也必然被時間的浪潮推翻。

46 小氣是為了賺取自己的錢

當你揮金如土的時候，
不要抱怨財富累積不易；
當你財源匱乏的時候，
不要怨怪經濟不景氣；
學會賺自己的錢，
開源總離不開節流。

在錢財上，很多人覺得應該大度，不應當斤斤計較，小氣是一種不體面的行爲，不是好品質。事實上，從經濟學的角度來看，跟節儉一樣，斤斤計較和小氣強調的是成本意識。一個成本意識強的人，是不可能不「斤斤計較」和「小氣」的。

松下幸之助就是一個很「小氣」的人。他在松下公司立下重重規定。凡是內部使用的信封正面都貼有一張畫著幾條橫線的紙。第一次使用時，收信人名寫在第一行，第二次使用時，收信人寫在第二行，同時把上交的收信人名塗掉。在公司裡寫張便條或者記點什麼東西，如果用了新紙張，馬上就會受到批評。即使公司董事長使用的筆記本，也是用電腦回收的紙訂起來的。而公司裡用不著的電燈一定要關掉，否則就要受到行政部門的處分。假若某個員工連續三天忘記關燈，人事部將會考慮辭退此人。

儘管松下成功的因素很多，但「小氣」卻是一個極其重要的原因。

美國「汽車大王」福特也是一個「斤斤計較」的「小氣鬼」。他曾因五十美分小費和一家酒店的服務生計較起來，原因是服務生沒零錢而多收了福特五十美分，福特堅持服務生必須把五十美分還他。

服務生沒辦法，只好東借西湊，好不容易湊到五十美分還了福特。他對這位巨富如此摳門大惑不解，認爲這人眞是太小氣了。

在一旁目睹此情景的紐約一家小報記者邁克對服務生說：「先生，你誤會了，他可是一個十分慷慨的人，剛剛向慈善機構捐獻了五千萬美元。」說著，邁克拿出一張兩周前的報紙，將上面的一則報導指給服務生看。服務生更加不解了，如此慷慨的人爲什麼還會當著衆多朋友的面，爲區區的五十美分計較呢？

「他懂得認眞對待屬於自己的每一分錢，懂得取回屬於自己的五十美分和慷慨捐贈出五千萬美元，是同樣值得重視的。」

一個人沒有任何理由不認眞對待自己的錢，無論它多麼巨大還是多麼微小，因爲這是福特成爲大企業家的重要秘笈。

幾乎與松下如出一轍，福特對公司的員工也是很「斤斤計較」的。即使你工作努力，又有能力，但如果你在一年中出差成本比同類員工高出三〇%，比如辦公用品的領用率是別人的兩倍，交給上司的工作報告打在嶄新的列印紙上等，那你就會被辭退。

一般人會以爲，對有能力又肯努力的人來說，浪費點又有什麼關係。但福特認爲，公司的產品要「質優價廉」，同類產品一定要比別的廠家便宜。正是靠這種微小的差別，自己才能戰勝對手，贏得顧客的青睞。這就要求企業必須嚴格控制成本，否則盈利就是空想。從這一點來看，「小氣」是有理的。

百萬富翁約克思說：「吝惜每一分，用好每一分，才是財富增值的泉源。」

王永慶，生於一九一六年，台灣人，全球著名華人富豪。他由賣米起家，成爲臺灣首富，被譽爲「經營之神」，他一手創建的台塑集團，成爲臺灣龍頭企業，擁有七萬員工，近三千八百億元新臺幣的營業收入，是臺灣唯一進入世界五百家大公司的企業。但他們的經營理念卻是「小氣有理」。員工的圓珠筆寫不出字了，必須拿用完的舊筆芯，換一根新筆芯。身爲董事長的王永慶，也一向以勤儉著稱。他始終不忘自己十三歲便因家貧輟學去當碾米工，因而始終堅持節儉持家。他的一條毛巾用二十七年，乘飛機堅持坐經濟艙，眞可謂「吝嗇的富翁」。

有一家商店，獲利狀況一直很好，其秘訣竟是關掉不必要的招牌燈，老闆解釋說：「小氣就是賺自己的錢，自己的錢都賺不回來，又怎麼有能力去賺別人的錢？」

加拿大渥太華有一份報紙，叫《吝嗇家月報》，專門爲節儉過日子提供具體辦法。報紙很受讀者歡迎，發行量不斷增加。報紙的創辦者名叫尼克森，他自己就是節儉專家，崇尚簡約生活。

尼克森認爲，簡約生活也會使人愉悅。吝嗇不是沒有面子的事，而是一種創造。他說：「你省下一元錢，從感覺上說，往往大於你賺進的一元錢。」

臺灣作家王舜清在一本《小氣有理就是錢》的書中，也發表了同樣的看法。他認爲「小氣」可以致富；「小氣」並不庸俗，而是一種優雅。

感悟點滴

當今社會，一提到賺錢，人們都普遍認為，賺錢是拼著命讓別人的錢變成了自己的錢。然而，在賺錢的時候，人們往往忽略了個人，低估了自己的內蘊。所以，好多人賺錢的途徑只是單行線，僅僅是向外挖掘和索取，卻忘了賺自己的錢也是一條發財之路。當我們回過頭來審視揮金如土的自己，才發現自己原來就是一座金庫。

47 留跡應在別人沒踩過的地方

不要為一個找不到答案的問題而苦惱，
要為找到了這個問題而高興。
當你發現一片沒有人走過的沙灘，
勇敢地走過去吧，
別把它當作海市蜃樓。

愛因斯坦曾經說過這樣的話：「我從來不記憶和思考詞典、手冊裡的東西，我的腦袋只用來記憶和思考那些還沒載入書本的東西。」

一八九九年，愛因斯坦在瑞士蘇黎世聯邦工業大學就讀，他的導師是數學家明可夫斯基。由於愛因斯坦肯動腦、愛思考，深得老師的賞識。他們經常在一起探討科學、哲學和人生。

有一次，愛因斯坦突然問明可夫斯基：「一個人，比如我吧，究竟怎樣才能在科學領域和人生道路上，留下自己閃亮的足跡，做出自己的傑出貢獻呢？」

平素才思敏捷的明可夫斯基被問住了。但三天後，他興沖沖地找到愛因斯坦，非常興奮地說：「你那天提的問題，我終於有了答案！」

「什麼答案？」愛因斯坦迫不及待地問老師，「快告訴我呀！」

明可夫斯基支吾了一陣，怎麼也說不明白，便索性拉起愛因斯坦朝一處建築工地走去，他們逕自踏上了建築工人剛剛鋪平的水泥地面。

愛因斯坦滿頭霧水，疑惑不解地說：「老師，您這不是領我誤入歧途嗎？」

「對，歧途！」明可夫斯基顧不得別人的指責，專注地說，「看到了吧？只有這樣的『歧途』，才能留下足跡！只有新的領域和尚未凝固的地方，才能留下深深的腳印。那些凝固很久的老地面，那些被無數腳步涉足的地方，別想再踩出腳印來……」

愛因斯坦陷入了深深的沈思，好久才感激地對明可夫斯基說：「老師，我明白您的意思了！」

這以後，一種強烈的創新與開拓意識，開始主導著愛因斯坦的思維和行動。在愛因斯坦走出校園，初涉世事的幾年裡，他只是伯爾尼專利局默默無聞的小職員，利用業餘時間進行科學研究，在物理學的三個未知領域裡，大膽而果斷地挑戰，並突破了牛頓力學。在他剛剛二十六歲的時候，就提出並建立了狹義相對論，開創了物理學的新紀元，爲人類做出了卓越的貢獻，實現了他在科學史上的理想——留下了深深的閃亮足跡。

是的，正是那段還沒有凝固的水泥路面，啓發了愛因斯坦的創新和探索精神。其實，在人類社會和現實生活的各個領域，都有各式各樣「尚未凝固的水泥路面」，等待著人們去踩出新的腳印。

十九世紀是美國西部開發的黃金期，大批淘金客蜂擁而去。有人淘到了狗頭金，一夜暴富，更多的人是淘到了碎金砂，得不償失；有的人甚至傾家蕩產。在此期間，有少數人轉行賣水，儘管沒有暴富，但也賺了盆滿缽溢，比大多數淘金客要強。

李維·史特勞斯的成就生涯，也是取決於他在西部時，在「尚未凝固的水泥路面」上踩出的新腳印。在此之前，他爲了生存，曾做過擺渡，可生意不好就放棄了。一八八〇年，年僅二十歲的史特勞斯來到西部，見既有淘金的，也有賣水的，就開設了一家商店，專門銷售日用品，包括露營用的帳篷和用來製作馬車篷的帆布，以方便淘金者的生活。

一天，有位淘金人對他說：「我看用你的帆布做短褲挺好的。人們現在穿的短褲都是用棉布做的，很快就磨壞了。」

史特勞斯心想：如果用帆布來做，的確結實耐用，準會大受歡迎。他便用帆布做了一批短褲，果然很快就銷售一空，賺了一大桶金。

史特勞斯決定擴大規模，又開設了一家服裝廠，生產用帆布做的褲子。他根據礦工們勞動的特點，不斷改進褲子的樣式，比如，臀部的褲袋，縫製時改用金屬釘釘牢；扣子則用銅和鋅的合金，重要的部位還用皮革鑲邊。後來，他又改用法國尼姆出產的嗶嘰布做原料，褲子縫得比較緊身，形成了牛仔褲特有的樣式。

牛仔褲一出現，便受到了美國人，特別是年輕人的歡迎。不僅礦工愛穿，大學生們也非常喜歡。不久，牛仔褲從美國傳到了歐洲、亞洲、非洲和南美洲。

如今，生產牛仔褲的美國「李維·史特勞斯國際公司」，已在海外設有三十五處營業機構，在十二個國家設有工廠，在許多國家和地區設有銷售網，年營業額五·四億美元，躋身於美國五百大企業中。

感悟點滴

當所有人都去追求某樣東西時，如果你想有所作為，就不應步其後塵，而應去尋找新的追求目標。

48 不在無力改變的事情上浪費時間

有的事情，
去做了
就會發生改變；
有的事情，
去做了
一切還是一樣。
不要為了後一種事情浪費時間，
不是一切都可以改變。

萊斯出生於一九五四年，她的母親是一位鋼琴教師，希望女兒能成為一名職業演奏家，在黑白琴鍵上奏響人生的樂章。她給萊斯取的名字「康多莉紮」源於義大利文，意為「彈奏得很甜美」。從幼年起，母親就孜孜不倦地對女兒進行音樂教育。

小萊斯成天練習、演奏、學習，終於獲得了美國青少年鋼琴大賽第一名，十五歲那年，她滿懷信心地進入丹佛大學拉蒙特音樂學院學習鋼琴演奏。她的親人們預言，一位女鋼琴家很快就要誕生了。

但是在大學二年級和三年級期間，小萊斯參加了著名的亞斯本音樂節，遇到了有生以來最殘酷的競爭。

她說：「我見到了十一歲的孩子，他們只看一眼就能演奏的曲子，我要練一年才能彈好，我想我不可能有在卡內基大廳演奏的那一天了。」她告訴CNN的記者說，「我意識到自己繼續搞音樂，最終的前途不是在卡內基音樂廳，而只能是在一個鋼琴酒吧裡演奏，或者教十三歲的孩子謀殺貝多芬。」

是的，就在小萊斯把自己的生命奉獻給鋼琴多年以後，看到了自己身邊的那些音樂天才，經過權衡，她選擇了放棄，並決定研究俄羅斯的將軍們。她已經想通——在人們無力改變的事情上浪費時間是沒有意義的。

顯然，她沒有實現母親的夢想。在丹佛大學，萊斯很想尋找一個新專業，她上了一堂約瑟夫．科貝爾的課。科貝爾並不為人們所熟知，直到他的女兒奧爾布賴特成為美國歷史上的第一位女國務卿，科貝爾才被世人關注。那堂課的主題是列寧的繼承者史達林。

課堂上，萊斯忽然感覺到：「俄羅斯政治居然那麼有意思。」

就這樣，俄羅斯讓她從音樂中跳脫出來。科貝爾也發現，萊斯在國際政治問題上很有天賦，於是開始培養這位「天才少女」。

一次，他利用吃飯的機會，苦口婆心勸說萊斯不要當律師，他還搬出自己的女兒奧爾布賴特當「樣板」。

萊斯回憶說：「當時的奧爾布賴特給一個參議員當外交政策助理，科貝爾因此非常自豪，同樣，他也希望我成爲這樣的人。」

從此，萊斯投入研究蘇聯的語言、歷史、文化和政治。美國媒體幽默地形容道：科貝爾留下了兩個最重要的「外交遺傳」。

一九八一年，精通四門語言的她獲得了國際關係博士學位。就在這一年，她成爲史丹佛大學講師。一九八九年，在喬治．布希總統的國家安全委員會中任職，負責俄羅斯事務。二〇〇一年，她任小布希總統政府的國家安全事務助理。二〇〇四年月十一月十六日，美國總統布希正式宣佈提名萊斯任國務卿一職。

感悟點滴

不是每個人在一開始的時候就知道自己適合什麼，當你發現某條道路並不適合你，完全走不通的時候，不要在自己無法改變的事實面前徬徨和浪費時間，趕緊換個方向，因為還有許多適合你的事情等著你去開拓呢！

49 每天都必須做的一件事

從最重要的事情作起。
每天都做一件事，
而且把它培養成爲一個習慣，
總有一天你會發現，
每天完成的遠遠不只一件事情。

有一位偉大的人物，一生只活了五十六歲，但他出版了七十多部互不雷同的學術著作，還寫了大量的論文，內容涉及多個學科領域。

算一算，他即使一出生就開始寫學術著作，一年也得寫一．五冊，才夠得上七十多本，這還不包括花很多時間去研究。你一定以爲他是一個工作狂，連吃飯睡覺都顧不上了吧！其實不然，他每天都保證十個小時左右的睡眠，並且參加體育運動，還是一個社會活動家。

他的秘訣在哪裡？秘訣就在工作日志上。從他二十六歲那年的元旦起，開始記錄工作日志，每天規劃自己的時間，記下每一天每一小時，甚至每一分鐘都做了哪些工作，還檢討自己的得失，評價自己的時間是否用得合理，是否符合效益。除了每天小結外，每月、每年都還有總結。

這項工作他一直堅持到過世那一天，在三十年裡，在大約一萬一千個日子裡，一天也沒有間斷。這是何等的毅力啊！很多人沒能寫出七十多部著作，那是因爲他沒有這份毅力。

他就是前蘇聯昆蟲學家柳比謝夫。

美國伯利恆鋼鐵公司總裁查理斯．舒瓦普也是一位善於計劃的人，他曾向效益專家艾維．利請教「如何更有效執行計劃」。

艾維．利遞給舒瓦普一張空白紙，說：「請你在這張紙上寫下你明天要做的六件最重要的事。」

五分鐘後，舒瓦普寫完了。

艾維．利說：「現在，請用數字標明每件事對於你和你公司的重要次序。」

這又花了大約五分鐘。

艾維．利說：「可以了，把這張紙放進口袋，明天早上第一件事就是把紙條拿出來，做第一項最重要的，不要看其他的，只看第一項。著手辦第一件事，直至完成爲止。然後用同樣的方法對待第二項、第三項，直至你下班爲止。如果只做完第一件事，那不要緊，因爲你總在做最重要的事！」

最後艾維．利強調說：「每一天都要這樣做。你剛才都做過了，也只花十分鐘時間。等你對這種方法的價值深信不疑以後，叫你公司的人也這樣做。這個試驗你愛做多久就做多久，然後給我寄支票來，你認爲值多少就給我多少。」

一個月後，查理斯．舒瓦普給艾維．利寄去一張二．五萬美元的支票，還有一封信。信上說：「這是我一生中最有價值的一課。」

五年之後，這個當年不爲人知的小鋼鐵廠一躍成爲世界上最大的獨立鋼鐵廠，人們普遍認爲，艾維．利的方法功不可沒。

感悟點滴

毫無疑問，一個人的精力和能力是有限的，無法超越某些限度。如果能對準備工作儘量做到仔細慎重，心中對事情的輕重緩急有數，雖說不一定能夠成功，但至少能夠把能力做更大的發揮。今天的世界是思想家、策劃家的世界，只有那些做事有秩序、有條理的人，才能成功；而那些頭腦混亂，做事沒有章法、沒有輕重緩急的人，只會與成功失之交臂。

50 心靈的溫度，決定你的高度

思想決定人生，
思路決定出路。
你的生活言行，
正好反映你的思想。
如果你想瞭解自己的思想，
不妨先檢查一下自己的生活。
你還要學會心裡除塵，
因爲人最有力量的是思想，
當你改變對這個世界的想法時，
你的人生也會因而改變。

謎語中的三種人生狀態

大學的第一堂課，教授對學生說：「我先出一則謎語讓大家猜猜。有一種東西，跑得比光還快，瞬間就能穿越銀河系，到達遙遠的地方，請問這種東西是什麼呢？」

「我知道……我知道，是思想！」學生們爭先恐後地回答。

老師滿意地點點頭：「那麼，有另外一種東西，跑得比烏龜慢，當春花怒放時，它還停留在冬天；當頭髮雪白時，它仍然是個小孩子的模樣，那又是什麼？」學生們滿臉困惑，回答不出。

接著，老師又問：「還有一種東西，不進也不退，還沒出生就死亡，始終漂浮在一個定點。誰能告訴我，這又是什麼？」學生面面相覷，只好問老師答案。

「這些都是思想！它們是思想的三種表現形式，也可以比喻成人生的三種狀態。」望著聚精會神的學生，老師繼續解釋，「第一種是積極奮鬥的人生，他不斷力爭上游，對明天永遠充滿信心；而且他的心靈不受時空限制，能夠超越光速，駕馭萬物。第二種是平常的人生，他不思進取，知足而安，這種人註定不會有多大出息。第三種是醉生夢死的人生，當一個人放棄努力、苟且偷安時，他的命運是冰凍的，沒有任何機會來敲門；就像水面的浮萍，不存在現實世界中，也不在夢境裡……同學們，你們願意選擇哪一種人生呢？」

讓心靈的溫度保持熾熱

猜完謎語，教授拿出一個玻璃容器：「爲了更清楚說明問題，我要做一個示範，請大家積極配合。」說著，他往容器裡面注入三分之一清水，先向大家展示了一下，便放入冰櫃，把水製成冰塊，然後用酒精燈加熱，冰融化成水，水很快就沸騰了，一縷縷白色的水蒸氣直飄了出來，從教室的窗子飛上天空。又過了一陣，容器裡的水全蒸發乾了。

「我向大家展示了水的三種狀態。這個試驗看起來很簡單，其實，這不是一個簡單的試驗。」教授看了一眼迷惑不解的學生們，又繼續說：「零度C以下，水結成冰，就不能流動。像南極極地的一些冰，在那裡已有成千上萬年了，它們不能流向大海，它們的世界就是它們立足之地那麼一塊地方。

水有三種狀態，人也一樣有三種狀態；水的狀態由溫度決定，人的狀態則由心靈的溫度決定。假如一個人對待生活的溫度是零度C以下，就跟冰一樣，整個人生世界不過是兩腳站立的地方那麼大。假如一個人對生活的溫度是零度C到一百度C以下，那他就是一掬常態下的水，雖有可能流進江河海洋，但也可能困在沼澤地成爲一灘絕望的死水，毫無生氣，清風吹不起半點漣漪，這裡斷不是美的所在。總之，這兩種狀態下的水都離不開大地。假如一個人對生活是一百度C以上的熾熱，那他就會成爲水蒸氣，飛天成雲，不僅擁有大地，還擁有了廣闊無邊的天空。」

第一堂課結束了，教室裡爆出雷鳴般的掌聲。同學們將永遠記住大學的第一堂課，銘記積極心態的力量，懂得心靈的溫度將決定自己的一生。

感悟點滴

巴爾扎克說：「一個能思想的人，才真正是力量無邊的人。」「思」字是由「心」和「田」構成，耕耘心田就是「思」；「想」由「心」和「相」組成，其實就是心相。

成功就是一種態度，而態度源於思想。正所謂：「播下一種思想，收穫一種行為；播下一種行為，收穫一種習慣；播下一種習慣，收穫一種性格；播下一種性格，收穫一種命運。」這段話其實是個人的成功鏈，即思想→態度→行為（包括語言）→習慣→命運。

某些人有「宿命」思想，把自己「託付」給上天，或者「上天」的化身，即，算命先生；某些人有「救濟思想」，希望政府、社會或他人來救濟自己；某些人有「鐵飯碗」情結，希望能把自己託付給某家單位；某些人總認為「老闆會有辦法的」，一遇難題，就渴望老闆或上司來幫自己解決；某些人幻想靠愛人，女人說「老公，我這輩子全指望你了」，男人則想「吃軟飯」；某些人企望「在家靠父母，出外靠朋友」……這種「託付思想」是不對的，切記，自助者天助，要想操之自我，掌控自己的人生命運，請從徹底清除「託付思想」開始。

國家圖書館出版品預行編目資料

選0或選1／劉明凡著.
第一版——臺北市：老樹創意出版；
紅螞蟻圖書發行，2009.06
面；　公分.——（New Century；8）
ISBN 978-986-85097-8-8（平裝）
1.人生哲學　2.修身　3.通俗作品
191.9　　98008836

New Century 08

選0或選1

作　　著／劉明凡
文字編輯／胡小慧
美術編輯／上承文化有限公司
發 行 人／賴秀珍
榮譽總監／張錦基
出　　版／老樹創意出版中心
發　　行／紅螞蟻圖書有限公司
地　　址／台北市內湖區舊宗路二段121巷28號4F
網　　站／www.e-redant.com
郵撥帳號／1604621-1　紅螞蟻圖書有限公司
電　　話／(02)2795-3656（代表號）
傳　　眞／(02)2795-4100
數位閱聽／www.onlinebook.com
港澳總經銷／和平圖書有限公司
地　　址／香港柴灣嘉業街12號百樂門大廈17F
電　　話／(852)2804-6687
新馬總經銷／諾文文化事業私人有限公司
新 加 坡／TEL:(65)6462-6141　FAX:(65)6469-4043
馬來西亞／TEL:(603)9179-6333　FAX:(603)9179-6060
法律顧問／許晏賓律師
印 刷 廠／鴻運彩色印刷有限公司
出版日期／2009年6月　第一版第一刷

定價240元　港幣80元

ISBN 978-986-85097-8-8　　Printed in Taiwan

老樹創意

老樹創意

老樹創意